MANUEL DES BRAVES,

OU

VICTOIRES

DES ARMÉES FRANÇAISES.

DE L'IMPRIMERIE DE GILLE.

Mort de Dugommier. Général en Chef de l'Armée des Pyrénées Orientales, 27. Brumaire

MANUEL DES BRAVES,

OU

VICTOIRES

DES ARMÉES FRANÇAISES,

EN ALLEMAGNE, EN ESPAGNE, EN RUSSIE, EN FRANCE, EN HOLLANDE, EN BELGIQUE, EN ITALIE, EN EGYPTE, etc.

DÉDIÉ

AUX MEMBRES DE LA LÉGION D'HONNEUR,

PAR MM. LÉON THIESSÉ, EUGÈNE B***,
ET PLUSIEURS MILITAIRES.

Orné de gravures et de cartes du théâtre de la guerre.

TOME III.

A PARIS,

Chez PLANCHER, éditeur des Œuvres de Voltaire en 35 tomes in-12, rue Poupée, N.° 7.

1817.

VICTOIRES

DES

ARMÉES FRANÇAISES

EN BELGIQUE, EN FRANCE, ET EN ALLEMAGNE.

CHAPITRE PREMIER.

CAMPAGNE DE BELGIQUE.

Causes de la révolution française. — Situation de la France en 1792. — Commencement des hostilités. — Combat de Quiévrain. — Déroute de Marquain. — Affaires de la Glisuelle et de Courtrai. — Bataille de Jemmapes. — Prise de Bruxelles. — Coup-d'œil rapide sur les opérations de quelques corps dans le Piémont. — Combat de Liége. — Prise d'Anvers. — Retraite des Autrichiens derrière la Roër. — Retraite du corps d'armée posté au-delà de la Meuse. — Combats de Tongres, de Tirlemont et de Neerwinden.

On s'expose à commettre de grandes erreurs lorsqu'on cherche à déterminer avec précision l'époque où le besoin d'une révolution commença de se faire sentir parmi la nation française. Comme tous les gouvernemens, de quelque nature qu'ils soient, participent nécessairement de l'imperfection de l'homme, il n'en est aucun sous lequel les peuples ne ressentent le besoin d'améliorations indispensables, et qui ne prête toujours le flanc aux accusations et aux reproches. De tous temps un grand nombre de citoyens ont désiré, sinon le renversement du pouvoir sous lequel ils vivent, du moins d'importantes modifications dans l'exercice de ce pouvoir ; mais il est certaines époques où ces désirs, renfermés longtemps dans le cœur des gouvernés, prennent un tel degré d'intensité, que rien ne peut en arrêter l'explosion. Ces époques sont presque toujours celles où les rois, à force de mesures arbitraires, ont détruit l'espèce de prestige qui environne la puissance, où les lumières, répandues par la classe élevée, pénètrent parmi le peuple et l'instruisent de sa force. Alors la passion des réformes se communique de proche en proche : c'est un torrent qui menace d'entraîner toutes les résistances ; et, dans l'impuissance de s'y opposer, les princes ne doivent plus que chercher à l'affaiblir en surveillant et en dirigeant son cours.

Mais les souverains, aveuglés par la flatterie, trop souvent étrangers aux lumières de leur siècle, indociles aux conseils de la raison, n'ont presque jamais le secret de modérer les révolutions en se mettant à leur tête : aussi les souverains ont-ils le plus souvent été engloutis par elles.

Les révolutions, même les plus nécessaires, ne s'accomplissent jamais sans laisser longtemps des traces de leur passage. Ce qui les rend surtout redoutables, c'est que le peuple est l'instrument dont on se sert pour les exécuter. Le caractère de l'homme éclairé est la prévoyance; mais le peuple, quelque instruit qu'il soit, ne sait jamais calculer l'avenir : comme l'enfant, il suit la première impulsion, et n'est frappé que de l'intérêt du moment. Dans la révolution française, le peuple ne prévit jamais le lendemain : s'il eût pu songer aux conséquences d'une première insurrection, qui doute que jamais il ne l'aurait tentée? Entraîné d'une violence à une autre violence, il suivit en aveugle les conseils de quelques meneurs; et, lorsqu'il croyait défendre sa liberté, il ne fit que changer de fers.

Les causes de la révolution française semblent donc remonter aussi haut que les abus sans nombre qui s'étaient introduits dans le gouvernement; long-temps préparée, elle éclata quand les lumières furent assez répandues pour que les mécontens composassent la majorité. Le système, ou plutôt l'anarchie féodale; les envahissemens successifs d'un corps de l'État, qui n'aurait jamais dû exercer d'autre influence que celle des exemples; la vénalité des charges, dont l'effet fut de bannir de France jusqu'à l'apparence de la justice; les priviléges d'une classe aussi orgueilleuse qu'inutile, enfin l'intolérance religieuse, furent les véritables causes de cette grande catastrophe.

L'origine de la révolution française une fois connue, on doit regarder comme ses premiers agens les hommes appelés par leur génie à instruire leurs concitoyens. Les lumières étant le plus puissant moyen de révolution, les écrivains éclairés doivent être regardés comme les premiers révolutionnaires.

Dès la mort de Louis XV, la révolution était dans tous les cœurs. L'humiliation que la France avait presque toujours éprouvée depuis les dernières années du règne de Louis XIV, avait fait naître en tous lieux un dégoût insurmontable pour les institutions qui existaient encore. Le peuple était las de prodiguer ses sueurs pour des hommes qui, privilégiés aux yeux de la loi, répandaient les vexations de tous genres, et montraient un orgueil d'autant plus intolérable, qu'il n'était justifié par aucun genre de mérite. Le clergé, toujours occupé de querelles indécentes, déconsidérait de plus en plus une religion si pure, et par conséquent si belle, quand elle est dégagée de toutes les superstitions qui la défigurèrent trop longtemps. Tout le corps politique ressemblait à un malade qui, menacé d'être atteint au cœur par la corruption de ses extrémités, n'attend de salut que d'une amputation prompte et de remèdes énergiques.

Telle était la situation de la France quand Louis XVI fut appelé à la succession du trône de ses pères. Monarque juste et bon, mais plutôt doué de vertus privées que de l'énergie nécessaire dans un roi ; avare du sang de ses sujets, mais trop souvent puni d'une douceur inconsidérée ; bon père, époux sensible, ami fidèle, Louis manquait de cette force de volonté, de cette confiance dans ses propres impressions, qu'un prince doit toujours avoir, mais qui sont d'une nécessité indispensable dans des temps de troubles. Ce monarque digne d'un sort meilleur, eût été le plus vertueux citoyen de son pays ; il fut le plus malheureux des souverains.

Les réclamations, les remontrances, les demandes en réformations l'assiégèrent dès son avènement : il y répondit avec franchise ; docile à la voix de son cœur, il promit tout : heureux s'il eût pu toujours se garantir de l'influence d'une cour intéressée à maintenir l'ancien ordre de choses ! il eût été le fondateur et l'exemple de la liberté : il ne fut que la victime de la licence.

Le 22 février 1787, Louis XVI convoqua l'assemblée des notables. On se réunit ; mais on ne décida rien sur les remèdes à porter aux maux de l'État. L'assemblée se sépara sans avoir abordé les importantes questions pour la solution desquelles elle avait été convoquée. Les états-généraux succédèrent aux notables : l'indécision et l'esprit de rivalité ne firent que prendre de nouvelles forces. Le clergé et la noblesse, d'abord rivaux, se liguèrent contre le tiers-état, et refusèrent de siéger avec lui : alors celui-ci se constitua en assemblée nationale ; le roi, favorisant cette mesure, y appela des nobles et des prêtres ; et l'assemblée se trouva complète.

Cependant les symptômes de scission qui s'étaient manifestés avaient effrayé la cour. On craignit que le tiers-état, irrité des mépris dont il avait été l'objet, ne voulût en tirer vengeance. Des troupes s'approchèrent de Paris ; une artillerie formidable fut dirigée vers la salle où les députés du peuple discutaient ses intérêts : mesure imprudente, qui fut le signal des insurrections populaires. A dater de cette époque, la révolution prit un caractère effrayant.

Le peuple, à l'aspect de ces troupes qui menaçaient la représentation nationale, fut tout-à-coup dans une violente agitation. Des malveillans profitèrent de cette émeute : des cris se font entendre ; pour combler le mécontentement, le pain augmente subitement ; le peuple s'assemble par groupes, et les Gardes-Françaises se joignent à la sédition.

Une circonstance, qui paraissait étrangère à l'insurrection, vint lui donner plus de violence. Le roi avait changé son ministère ; M. Necker, ministre vraiment citoyen, quitta le porte-feuille des finances, et reçut l'ordre de se retirer à Versailles. Le peuple, qui le chérissait, s'empare de son buste, le porte en triomphe, et veut aller à Versailles braver l'autorité du roi, en adressant des actions de grâces au ministre renvoyé. Il est arrêté cependant sur la place Louis XV par le prince de Lambesc et le régiment Royal-Allemand; quelques coups forcent les séditieux de fuir dans le jardin des Tuileries. Aussitôt la confusion est extrême: on crie qu'il faut périr ou se défendre; on enlève trente mille fusils des Invalides; on enfonce les portes des armuriers et des fourbisseurs; on s'arme de tous côtés: le tocsin sonne, l'alarme est générale; on brûle les barrières de Paris, on pille les greniers d'approvisionnement de Saint-Lazare. L'assemblée est dans la plus grande consternation, et demande au roi d'éloigner les troupes.

Les jours suivans, le tumulte s'accroît encore. Le peuple est devenu l'instrument d'une poignée de factieux; il attaque, enlève et détruit la Bastille. On voit, pour la première fois, des têtes sanglantes portées sur la pique révolutionnaire. Le roi, étonné des progrès de l'insurrection, se rend, le 15 juillet, à l'assemblée nationale; il s'y présente sans escorte, prononce un discours, dont nous donnons ici l'extrait, et qui attendrit tous les cœurs.

« Le chef de la nation (dit-il) vient avec

» confiance au milieu de ses représentans, » leur témoigner sa peine, et les inviter à » trouver les moyens de ramener le calme et » l'ordre. Je sais qu'on a donné d'injustes pré- » ventions; je sais qu'on a osé publier que » vos personnes n'étaient point en sûreté : » serait-il donc nécessaire de vous rassurer » sur des bruits aussi coupables, démentis » d'avance par mon caractère connu ? Eh bien! » c'est moi qui ne suis qu'un avec ma nation; » c'est moi qui me fie à vous! Aidez-moi, » dans cette circonstance, à assurer le salut » de l'État; je l'attends de l'assemblée na- » tionale. »

Ce discours où ce roi, véritablement père de son peuple, exprimait avec tant de noblesse et de douceur ses volontés et ses plaintes, remplit tous les spectateurs d'une douce émotion : des larmes de joie coulèrent, et toutes les inquiétudes parurent calmées. Louis XVI sort de la salle accompagné d'une députation nombreuse; il renvoie ses gardes qui allaient l'environner, il refuse sa voiture; il veut, en allant à pied, jouir de l'accompagnement de son peuple, la meilleure garde qu'il puisse avoir... Ce trait généreux est le signal de l'allégresse publique. Toute l'assemblée sort spontanément pour entourer son roi ; une foule immense se presse sur son passage ; les cris mille fois répétés de *Vive le Roi !* se font entendre ; et le monarque rentre dans son palais comblé de bénédictions.

Cette scène se répète quelques jours après ; mais l'enthousiasme est frénétique : ce n'est plus un roi adoré, qu'un peuple respectueux suit par honneur ; c'est un monarque esclave, qu une populace audacieuse a assailli dans son palais, et qui ne rentre dans sa capitale que pour y trouver des fers. La noblesse a fui, les courtisans se sont cachés, le trône est ébranlé ; et déjà l'on prévoit le sort de ce prince, que ses vertus n'ont pu sauver, mais qui du moins mourut avec le courage d'un roi.

Cependant les puissances étrangères ne virent pas sans inquiétude un peuple renverser ses institutions, dicter des lois à son roi, et sonner la liberté des autres nations. Elles craignirent que le mot d'*indépendance*, prononcé par les Français, ne vînt retentir dans leurs États. C'était la cause des peuples ; les rois durent donc la combattre : ils se liguèrent contre les Français. Deux cabinets se déclarèrent les premiers, l'Autriche et la Prusse. Un traité fut conclu à Plinitz. Les contractans se promirent de mutuels secours, jurèrent de marcher sur la France, et de ne mettre bas les armes que lorsque le fanatisme révolutionnaire serait abattu, les factions éteintes, et le roi rétabli sur son trône.

Certes nous ne craignons pas qu'on nous soupçonne d'approuver les crimes de la révolution française ; mais la vérité nous oblige de dire que jamais agression ne fut plus inique ; nous avons de justes motifs pour penser que, par ces attaques indiscrètes, les alliés contribuèrent à la mort du prince qu'ils prétendaient sauver : ils ne savaient pas ce que peut la liberté ; ils ne calculèrent pas quel enthousiasme ils trouveraient en France, et raisonnèrent aussi mal dans leurs intérêts que dans l'intérêt de la famille qu'ils voulaient défendre.

La mort de Léopold, un de leurs chefs, et l'acceptation de la nouvelle constitution de l'État par Louis XVI, s'opposèrent au commencement des hostilités. La guerre semblait pour long-temps éloignée, quand tout-à-coup un cri se fait entendre ; on dit que les armées étrangères vont entrer dans Paris et mettre tout à feu et à sang. L'alarme se répand, et de tous côtés paraissent des soldats ; trois millions d'hommes sont vêtus, armés et prêts à marcher à la défense du territoire. François II, roi de Bohême et de Hongrie, est déclaré ennemi de la France par un décret de l'assemblée nationale : l'Autriche et la Prusse saisissent ce moment favorable pour réunir les troupes qu'elles gardaient sur nos frontières, et se précipitent en France par la Champagne, l'Alsace et la Flandre.

Plusieurs armées ennemies entrent sur le sol français, et des combats sont livrés le même jour sur différens points. Cette multiplicité d'affaires, rapprochées par les époques, quoique étrangères par le fait, rendent difficile la tâche de l'historien. Il voit plusieurs armées qui lui offrent chacune, outre le caractère commun d'héroïsme et d'indépendance, un caractère particulier : elles lui paraissent différentes par la physionomie qu'elles empruntent des lieux où elles combattent, des chefs qui les commandent, des ennemis qu'elles ont à vaincre. Ira-t-il confondre leurs faits d'armes ? Rapportera-t-il un combat en Belgique après une déroute en France, et cette déroute après une victoire en Allemagne ? Non ; car il n'offrirait plus à son lecteur qu'un tableau sans ensemble, sans intérêt ; il n'écrirait qu'un journal. Il semble que l'écrivain doive suivre le cours des opérations militaires exécutées sur un même point pendant un certain temps, et ne parler d'aucunes tentatives qu'il ne les fasse suivre immédiatement du résultat. Cette manière d'exposer les événemens paraît préférable : aussi nous l'avons adoptée, et nous allons suivre d'abord ceux de nos guerriers qui combattirent en Belgique.

Les préparatifs de la guerre étaient achevés. Le général Dumouriez, qui n'avait pas peu contribué à jeter la France dans cette lutte, était d'avis de prendre l'offensive : il prétendait qu'on ne pouvait manquer de secours; que les Belges, qui semblaient porter avec peine le joug sous lequel l'Autriche les tenait abattus, briseraient leurs chaînes, et recevraient les Français comme des libérateurs. Le maréchal Rochambeau, qui commandait alors en Flandre, était d'un conseil tout à fait opposé. Il ne voulait point qu'on mît une extrême confiance dans des troupes peu disciplinées, et qui elles-mêmes n'osaient trop compter sur les sentimens de leurs chefs : il demandait qu'on s'en tînt à une sage défense. Avec ces deux généraux, Luckner qui commandait en Alsace, et La Fayette qui campait sur la Moselle, étaient alors les guerriers les plus distingués.

Dumouriez parvint au ministère des relations extérieures; son avis prévalut. Le 21 avril 1792, le maréchal Rochambeau partit de Paris pour se mettre à la tête des troupes rassemblées en Flandre. Le 27, ayant reçu l'ordre d'attaquer l'ennemi, il envoya sur Quiévrain le général Biron, à la tête de six escadrons soutenus par six bataillons d'infanterie. Un détachement de l'armée autrichienne du général Beaulieu était dans Quiévrain; il cède la place, et se retire sur les hauteurs de Boussu. Les Français vainqueurs poursuivent l'ennemi, le chassent de sa nouvelle position, et s'approchent de Mons. Les instructions données par Dumouriez annonçaient un mouvement d'insurrection, qui n'attendait, pour éclater dans cette ville, que l'approche de l'armée française : le général Biron fut étonné du repos parfait qui ne cessa de régner dans Mons; et, craignant d'être attaqué par le général autrichien, il établit son camp à Boussu. Tout était tranquille, quand le soir, à dix heures, les 5.e et 6.e régimens de dragons montent à cheval, et fuient au grand trot, en criant : *Nous sommes trahis !* Le général

Biron, secondé par le colonel Dampierre, veut arrêter les fuyards; il est entraîné par eux. Une grande partie de son monde arrive à Valenciennes : là on l'accuse de désertion; on rapporte qu'un régiment ennemi, favorisé par lui, est entré la nuit au milieu du camp. Ceux qu'il a ralliés, poursuivis le lendemain par des corps du général Beaulieu, arrivent à Quiévrain plutôt en fuyant qu'en opérant une véritable retraite. Ils sont enfin chassés de Quiévrain, et repoussés jusqu'au camp de Famars. L'ennemi s'empare de cinq pièces de canon, et fait un grand nombre de prisonniers; il ne peut cependant poursuivre plus loin ses succès, et se replie sous le feu de huit pièces de canon placées en batterie sur les hauteurs de Saint-Sauve par le maréchal Rochambeau.

Dans ce même moment où, surpris par une terreur panique, nos soldats fuyaient devant l'ennemi après l'avoir vaincu, le maréchal Théobald Dillon essayait sur Tournay une tentative dont l'issue était plus malheureuse encore. Sorti de Lille avec dix escadrons, six bataillons et quelques bouches à feu, il rencontre le comte d'Happoncourt, major-général autrichien, sur les hauteurs de Marquain.

L'ennemi était fort de 3000 hommes : il n'avait pas reçu l'ordre d'attaquer ; il fait sonner la retraite. Tout-à-coup un sentiment de frayeur s'empare des soldats ; les cavaliers qui soutenaient son mouvement, s'épouvantent du bruit du canon qui tonne au loin derrière eux, et se précipitent dans les carrés en criant : *Sauve qui peut, nous sommes trahis !* Le désordre est bientôt général : les caissons, les bagages, tout est abandonné, et les soldats pêle-mêle fuient vers Baisieu. Le général Dillon veut en vain les rallier : des mutins l'entourent, le menacent, le blessent ; il arrive enfin à Lille, sur une voiture, au milieu de ses troupes que l'ennemi a taillées en pièces depuis Baisieu. Là se passe une scène épouvantable : un rassemblement de soldats occupe la porte de Fives ; des lâches, sortis de ce groupe tumultueux, pendent aux créneaux de la place le colonel du génie Berthois, qui était resté auprès du général ; ils se jettent ensuite sur Dillon, le massacrent à coups de baïonnettes, et brûlent son cadavre sur la grande place après l'avoir traîné par les rues.

Ces deux premiers combats et la soumission des Belges au gouvernement autrichien rendirent nos généraux plus circonspects. On resta deux mois sans engager aucune affaire décisive ; des deux côtés on exécuta des manœuvres. Alors on commença de soupçonner qu'il fallait prendre d'autres mesures, et choisir un autre plan de campagne. Les généraux Rochambeau, La Fayette et Luckner furent consultés à Valenciennes. Ce fut à la suite de ce conseil que le maréchal Rochambeau donna sa démission ; que Luckner se rendit au camp de la Madeleine, près de Lille, et que La Fayette quitta son camp retranché de Givet pour se porter à Maubeuge, d'où il avança un de ses corps jusqu'à Glisuelle.

Ce fut à Glisuelle que les hostilités recommencèrent. Le général Gouvion fut attaqué par le général Clairfait. L'ennemi profita de l'avantage qu'il eut de se jeter sur les Français à l'improviste et pendant un violent orage ; mais bientôt La Fayette vint au secours du général Gouvion, et le combat se rétablit. Ce fut dans cette affaire que se signala le jeune Victor Latour-Maubourg, si célèbre depuis dans nos fastes militaires.

Le 18 juin, Luckner se porte devant Courtrai. Il combat, malgré son grand âge, au milieu de ses troupes, et force les Autrichiens de se retirer de la place ; mais le 30 du même mois, il est contraint de l'abandonner pour se porter sur la frontière.

Dumouriez n'abandonnait pas le projet d'envahir la Belgique : il obtint des forces assez considérables pour son exécution, et de suite il se mit en marche. Près de cent mille hommes furent rassemblés entre Quarouble et Quiévrain. Le général Valence, avec des volontaires et quelques bataillons de ligne, prit position à Givet, pour s'opposer aux opérations du général Clairfait ; le général Maubourg fut placé en avant de Maubeuge, pour contenir les Autrichiens campés à Luxembourg ; Dumouriez commandait en personne quarante mille hommes qui restèrent au centre. L'ordre d'en venir aux mains fut bientôt donné. Le duc Albert de Saxe-Teschen, qui avait, quelques jours auparavant, assiégé Lille avec peu de succès, balança s'il devait attendre les Français sur les hauteurs de Jemmapes : des retranchemens fortifiés par un grand nombre de bouches à feu, une longue chaîne de troupes, étendue le long du bois depuis Frameries jusqu'à Wames, ne le rassuraient que faiblement. Dumouriez ne lui laissa pas le temps de se retirer sur Mons ; il fit marcher l'infanterie belge sur Boussu. Boussu retranché résista. Le général Beurnonville rétrograda sur Quiévrain, quand le général Dampierre attaqua de nouveau sur ce point, et l'enleva de vive force. Il avait sous ses ordres des Français aguerris et bien disciplinés : il eut l'avantage. Alors le général autrichien effrayé rappela ses avant-postes, et laissa ainsi à Dumouriez des positions avantageuses qu'il eut pu lui disputer long-temps. Le 5, nous achevâmes nos dispositions ; des corps furent placés sur la route de Cuesmes, et le général d'Harville reçut l'ordre de tourner l'ennemi par les hauteurs qui dominent la ville de Mons ; douze bataillons, placés sur notre gauche, marchèrent sur Jemmapes pour le prendre à revers.

L'armée française fut alors divisée en trois corps : l'aile droite fut confiée aux généraux Dampierre et Beurnonville ; l'aile gauche au général Ferrand ; le centre demeura sous les ordres de Dumouriez, auquel le duc de Chartres servait de lieutenant. L'ennemi était plus fort en position ; mais Dumouriez lui était supérieur en nombre. L'attaque commence, le 5, sur Quaregnon. Le général Ferrand a son cheval tué sous lui : il charge à pied, à la tête de ses grenadiers ; et, la baïonnette en avant, il court sur les pièces de l'ennemi. Dans le même moment, Dampierre, à la tête des troupes flamandes, enlève à l'ennemi deux redoutes, tourne contre lui les canons qui les garnissent, et éteint le feu de plusieurs batteries qui balayaient la route de Cuesmes, et sous le feu desquelles Beurnonville était arrêté.

Déjà l'ennemi était pris à revers ; son aile droite était enlevée, quand Dumouriez met le centre en mouvement; et, s'adressant aux soldats qui le suivent : *Soldats, voilà les hauteurs de Jemmapes, et voilà l'ennemi; l'arme blanche et la terrible baïonnette, voilà la tactique qu'il faut employer pour y parvenir et pour vaincre.*

Les bataillons traversent alors la plaine, mais dans la marche ils perdent leur alignement : une brigade demeure en arrière et rompt la ligne : des cavaliers autrichiens lancent leurs chevaux dans les ouvertures, et le désordre qui augmente peut nous être funeste : alors un jeune domestique de Dumouriez, nommé Baptiste, se porte à l'endroit où les bataillons commençaient à se mêler; il les rallie, les ramène sous le feu, et rétablit le combat. Le duc de Chartres rassemble plusieurs bataillons qui lâchaient pied, forme une colonne à laquelle il donne le nom de bataillon de Jemmapes, et enlève des redoutes où se précipite notre cavalerie légère. Le mal est réparé, et bientôt nous avons l'avantage : le général Thouvenot, qui combattait à la gauche, dépasse le village, et l'ennemi est entre deux feux : bientôt il est battu au centre ; sur la droite, les Autrichiens se retirent en désordre ou tombent sous la mitraille ; sur la gauche seulement ils résistent encore et prétendent à la victoire. Mais Dumouriez, à la tête de plusieurs bataillons du camp de Maulde et de dix escadrons de cavalerie légère qu'il vient de rencontrer, se porte sur ce point, culbute une colonne de cavalerie qui s'oppose à son passage, s'empare des positions que le général Beurnonville occupe de suite avec l'avant-garde, et se jette dans les retranchemens qui, faiblement défendus par les grenadiers hongrois, tombent en son pouvoir. Sur tous les points on chante l'hymne républicaine, sur tous les points l'ennemi est taillé en pièces, et la bataille complètement gagnée.

C'est à Jemmapes qu'un vétéran, nommé Jolibois, vint combattre à la place de son fils, dont il avait appris la désertion : ce vieillard, vraiment patriote, se rend au camp de Dumouriez à la première nouvelle qu'il reçoit du départ de son fils, et vient demander sa place, le matin même de la journée de Jemmapes. Il se bat pendant toute l'affaire avec une rare intrépidité, et s'écrie à chaque coup qu'il porte : *O mon fils ! faut-il que le douloureux souvenir de ta fuite empoisonne un moment aussi glorieux !*

La bataille de Jemmapes fut sanglante, l'ennemi perdit 5,000 hommes, huit pièces de canon, et les officiers Haddick et Kenne qui restèrent parmi les morts. Notre perte fut aussi considérable : les généraux Duboux et Ferrand, le colonel Chaumont et l'adjudant-général Monjoy furent grièvement blessé. Le succès de la journée appartint à Dumouriez : les généraux Dampierre et Beurnonville, les deux Fregeville, le duc de Chartres et le jeune duc de Montpensier se distinguèrent aussi par des faits qui prouvèrent autant d'habileté que de bravoure. Les soldats désiraient entrer à Mons, ils brûlaient d'impatience. Dumouriez somma les habitans de se rendre ; les Autrichiens évacuèrent la ville pendant la nuit du 6 au 7, et nous y entrâmes au point du jour. Nous trouvâmes dans cette place 130 pièces d'artillerie, 107 canons de fer, 3,000,000 boulets de calibre, 2365 caisses de mitraille, et 1457 fusils. Le lendemain la ville de Tournay se rendit.

La bataille de Jemmapes était décisive, et Bruxelles devait nous ouvrir ses portes : c'est aussi ce qui arriva : les Belges, fatigués du gouvernement autrichien, vinrent offrir les clefs de la ville à Dumouriez, le 14 novembre au matin. Les Autrichiens avaient évacué la place pendant la nuit, après avoir perdu quelques centaines d'hommes dans un combat que le général français avait engagé la veille sur les hauteurs d'Anderlecht. Dumouriez voyait alors sa prédiction s'accomplir; il entrait dans la capitale des Pays-Bas.

Si nous portons nos regards sur les opérations de l'armée française dans le Piémont, nous verrons qu'elles n'étaient pas moins actives. Après s'être emparé de la ville de Nice et des forteresses qui la défendent, le général Anselme se portait à Sospello, n'ayant point jugé nécessaire d'attaquer les Autrichiens fortement retranchés à Saorgio : il attaquait Oneille, et ses hommes embarqués à Villefranche au nombre de 3,000, sur l'escadre de l'amiral Truguet, entraient bientôt dans cette place, la remplissaient de carnage, et vengeaient en mettant tout à feu et à sang la mort du capitaine de pavillon Duchaila, qui, envoyé en parlementaire, avait été massacré par les habitans : deux mois après, ces mêmes troupes sous la conduite du général Biron qui avait remplacé le général Anselme, dénoncé comme prévaricateur, attaquèrent les Piémontais en avant de Sospello : les généraux Brunet et Dagobert, chargés de l'expédition, pénétrent dans les retranchemens la baïonnette en avant, et forcent l'ennemi de prendre la fuite. Un grand nombre de prisonniers, et entr'autres le major Strasoldo, parent du général autrichien, tombent entre nos mains. Les officiers Lombart et Perrier, les capitaines de grenadiers Despinois et Rambault sont nommés dans les feuilles publiques comme ayant puissamment concouru au succès de cette journée.

Cependant Dumouriez, fidèle au plan qu'il s'était tracé, poursuivait toujours les Autrichiens dans la Belgique : le 18 novembre, Valence, d'après ses ordres, attaquait le général Schroeder qui, placé de l'autre côté de la Meuse, défendait l'approche de Namur. L'ennemi, après avoir long-temps résisté à l'impétuosité française, était encore vaincu sur ce point, et deux charges meurtrières le chassaient de ses retranchemens. Namur était attaqué par Valence, et les généraux Schroeder et Beaulieu s'éloignaient de cette place après y avoir jeté quelques troupes. Dumouriez lui-même entrait à Tirlemont, le 21, après avoir canonné pendant huit heures dix mille Autrichiens qui abandonnaient les hauteurs de Cumptich.

Dans leur retraite, les Autrichiens se retranchèrent, au nombre de dix mille, à une lieue en avant de Liége : fortifiés dans six villages, et derrière de nombreux retranchemens, ils se croyaient invincibles. Dumouriez parut, et, après dix heures de combat, l'ennemi fut obligé de fuir devant les Français vainqueurs. Ce succès nous conduisit dans Liége. L'évêque souverain avait pris la fuite pendant la nuit; le lendemain 28 novembre, à neuf heures du matin, notre armée y entra.

Pendant que ces choses se passaient dans l'est de la Belgique, les généraux Lamarlière et Champmorin, sous les ordres du général en chef Labourdonnaye, suivaient chacun une des rives de l'Escaut et se préparèrent à assiéger Anvers. Le général Lamarlière, arrivé le premier, y entra sans coup férir, et la garnison autrichienne, trahie par les habitans, se retira dans la citadelle. Il fallut en faire le siége : les officiers Dejean et Marescot furent chargés des travaux. Le petit nombre d'ingénieurs que l'on possédait alors, le peu d'habitude qu'avait l'armée de ce nouveau genre d'attaque, l'eau que l'on rencontrait à deux pieds sous terre, étaient autant d'obstacles dont un seul eût suffi pour décourager tout autres troupes que les troupes françaises. L'ardeur du soldat remédia à tout. Le 28 novembre, les ouvrages furent achevés, et les batteries commencèrent à tirer. Le premier boulet qui partit renversa une table où le gouverneur allait s'asseoir pour dîner; ceux qui suivirent mirent le feu à la citadelle, qui devint en un instant la proie des flammes. Le gouverneur effrayé, consentit enfin à capituler : il quitta la place et se rendit au camp du duc de Saxe-Teschen. Il laissa au pouvoir des vainqueurs 102 canons, 67 obusiers, mille fusils et une quantité considérable de munitions de toute espèce. Après la reddition d'Anvers, un grand nombre de Belges demandèrent et obtinrent l'honneur d'être enrôlés dans les bataillons nationaux.

Les deux généraux Schroeder et Beaulieu

s'étaient retirés, comme nous l'avons dit, après avoir perdu beaucoup de monde, dans un combat au bois d'Asche, contre le corps du général Valence. Ce général français, trouvant le chemin libre, arrive à Namur. Namur suit l'exemple d'Anvers; la garnison refuse de se rendre, et s'enferme dans la citadelle. Le général français fait venir alors une artillerie de siége, que l'on transporte à force de bras à travers les montagnes. Le 29 novembre, la tranchée est ouverte : les bombes, les boulets écrasent la citadelle : alors le bruit court que le fort Villate qui couvre le château est miné, et que les assiégeans vont sauter au moment où ils croient obtenir la victoire. Le général Leveneur, qui commandait sous les ordres de Valence, conçoit un projet d'une étonnante intrépidité : la nuit il se dirige vers le fort avec 1200 hommes déterminés à mourir. Les Français franchissent les palissades. La première voûte est déserte, les sentinelles qui gardent la seconde font feu et donnent l'alarme. Alors Leveneur qui ne peut franchir la palissade, dit à un officier très-grand et très-fort qui est à ses côtés de le jeter par-dessus. L'officier obéit, et se précipite après lui de l'autre côté de la barrière. Déjà Leveneur a saisi le général autrichien : *Conduis-moi à tes mines*, lui dit-il en lui tenant l'épée sur la poitrine, *ou tu es mort*. L'Autrichien balance ; mais, menacé de nouveau, il cède à une hardiesse qui le déconcerte. Le général français est conduit aux fourneaux des mines ; il arrache lui-même les mèches, les éteint, et s'empare du fort Villate.

Le feu ne cesse point : la garnison ennemie demande à capituler ; elle se retire avec les honneurs de la guerre, mais elle est envoyée en France où elle reste prisonnière : deux bataillons de Kinske et un bataillon de Vierzet mettent bas les armes ; huit drapeaux trouvés sur les glacis de Namur sont envoyés au gouvernenement républicain.

Le 15 décembre, après plusieurs attaques successives, où nous leur enlevons des hommes et des pièces d'artillerie, les Autrichiens nous abandonnent Trèves, Aix-la-Chapelle, Verviers, et se retirent en désordre derrière la Roër. Les brigades des généraux Dampierre, Stengel et Miaczinsky prennent position à Aix-la-Chapelle et à Rolduc : le prince de Wurtemberg attaque Aix-la-Chapelle. Les postes français éprouvent un échec, et sont obligés de se retirer sur Liége et sur Maëstricht, dont le général Leveneur avait fait sortir son artillerie pour éviter l'archiduc Charles, qui s'y portait avec des forces imposantes : la retraite s'opère sur tous les points, et les troupes françaises commandées par les généraux Champmorin et la Lamarlière, sont repoussées jusque sous Diest. Miranda s'éloigne aussi de Maëstricht et se retire entre Saint-Tron et Tongres : c'est près de cette dernière place qu'il est attaqué par le prince Charles, et poursuivi dans ses retranchemens. Valence le joint au moment du danger : il se précipite au-devant de l'ennemi, le bat en désespéré, et parvient à l'arrêter assez de temps pour faciliter la réunion de plusieurs corps à celui de Miranda, et protéger sa retraite.

A la nouvelle de ces revers, Dumouriez revint de Hollande, où il était allé diriger une autre attaque, et fit changer la position de son armée, qu'il trouva sur un terrain désavantageux. Les corps abandonnèrent leur poste, à l'occasion d'une légère affaire qui s'engagea à Tirlemont, d'où sortit le maréchal de camp Lamarche : Dumouriez ordonna de rentrer dans les positions qu'il avait données, et remplaça Miaczinski, parce qu'il s'était jeté sans ses ordres dans les bois de Louvain. Dumouriez sentit cependant qu'un mouvement offensif devenait nécessaire pour rassurer le soldat et rétablir la confiance : il donne le signal ; on marche sur les Autrichiens, qui, chassés de Tirlemont, se rallient derrière les villages de Goedenhosven et de Hœckendoven. Cette dernière position est occupée par les Français, et attaquée avec impétuosité par ceux qui viennent de la quitter. Le prince Charles et les cuirassiers de l'empereur se présentent pour la reprendre, mais le 5.e régiment de hussards accourt sous les ordres de Valence, et les met en pleine déroute : dans le même moment, le général Neuilly, débordant sur la droite, assure le succès de l'affaire, en forçant la retraite de l'ennemi.

Les combats de Tirlemont et de Goedenhosven avaient rendu à l'armée sa confiance et sa force : Dumouriez voulut profiter de l'ardeur qu'elle montrait ; il disposa tout pour livrer bataille, avant que l'ennemi eût reçu des renforts qui lui arrivaient tous les jours.

L'armée autrichienne s'étendait depuis les hauteurs de Racour jusqu'au-delà de Helle, dans la plaine de l'eau. L'archiduc Charles commandait l'avant-garde, le général duc de Wurtemberg et le général Colloredo étaient en tête, l'un de la première ligne, l'autre de la seconde, où se trouvaient les dragons de Cobourg : une division de cavalerie et quelques corps d'infanterie autrichienne observaient la plaine. De son côté, l'armée française occupait tout l'espace compris depuis Goedsenhoven jusqu'aux hauteurs d'Oplinter. La gauche était commandée par le général Miranda ; le général Neuilly dirigeait la droite sur Neer-Heylissem ; le général Dampierre était posté à Esemaël, en avant du centre.

La petite Geëte séparait les deux armées.

Au point du jour, le 16 mars 1793, l'armée française, formée sur huit colonnes, se mit en mouvement. Trois de ces colonnes qui composaient la droite s'avancèrent sur la petite Geëte pour la passer. Le général Miranda se porta sur Orsmaël, et chassa du village les troupes légères de l'ennemi. Les Autrichiens opposèrent en vain un feu bien soutenu à celui de nos pièces ; ils furent débusqués de cette position, et dans le même instant chassés aussi de Racour, où les attaqua le général Valence, qui venait de passer le pont de Neer-Heylissem. Valence, soutenu par de nouveaux renforts, voulut déborder les Autrichiens sur leur gauche; mais la défense devint plus opiniâtre, et l'équilibre s'établit. Notre infanterie chancelait sous une artillerie formidable qui se déployait devant elle, et ne parvint à repousser l'ennemi qu'avec le secours de la cavalerie qui exécuta les charges les plus brillantes. Les généraux Leveneur et Neuilly réunirent alors leurs forces pour enlever la tombe de Midelwinden, monticule élevé et couvert d'artillerie, position formidable qui commandait trois villages voisins. Leur mouvement fut si prompt que les Autrichiens perdirent cette position avant même d'avoir pressenti l'attaque : mais le prince de Cobourg envoya de nombreuses colonnes pour la reprendre, et jusqu'au soir, la tombe de Midelwinden fut un théâtre sanglant où les deux partis, toujours exposés à un feu meurtrier, étaient tantôt assiégeans et tantôt assiégés.

Pendant que le général Leveneur se battait avec tant de bravoure à Midelwinden, le général Neuilly chassait l'ennemi de Neerwinden; mais, emporté par une ardeur inconsidérée, il dépassait ce village, et l'ennemi s'en emparait. Le duc de Chartres avait senti la faute qui venait d'être commise; il la réparait en chassant le général Clairfait de Neerwinden qui fut perdu une seconde fois, repris par Dumouriez, et abandonné de nouveau aux artilleurs autrichiens. Nous étions sortis du village, quand la cavalerie impériale déboucha dans la plaine : elle tenta une première attaque entre Midelwinden et le village évacué; l'intrépidité de Valence, qui reçut plusieurs coups de sabre en chargeant à la tête de ses escadrons, rendit cette tentative inutile, et la fit tourner à la honte de l'ennemi : une seconde attaque eut lieu peu d'instans après. Le général Thouvenot fit faire si à propos une décharge de mousqueterie sur les cavaliers autrichiens, qu'ils furent démontés et forcés de fuir devant le régiment de Deux-Ponts.

Le combat était rétabli : vers la droite et au centre, la victoire était balancée, quand notre gauche, débordée par les grenadiers du prince Charles, abandonna le village d'Orsmaël, et s'enfuit en désordre, poursuivie par les cavaliers autrichiens. Miranda, qui commandait de ce côté, sans chercher à rallier ses troupes, se retira derrière Tirlemont, à plus de deux lieues du champ de bataille. Ce mouvement ne fut pas annoncé au général en chef: aussi, jugeant au silence qui régnait de ce côté que l'ennemi était en pleine retraite, il ne chercha point à couvrir sa gauche, et sur la fin de la journée il se vit entouré d'ennemis.

Ses troupes repassèrent précipitamment la petite Geëte : les généraux voulurent en vain s'opposer à leur fuite; ils furent eux-mêmes entraînés. Le désordre devint général, l'ennemi profita de la confusion qui régnait dans nos rangs, et la bataille de Neerwinden fut aussi funeste à la république que la bataille de Jemmapes lui avait été favorable.

Nous perdîmes dans cette journée cinq mille hommes, qui tombèrent sur le champ de bataille; deux mille deux cents qui furent faits prisonniers, plusieurs pièces d'artillerie et un matériel immense. L'évacuation totale de la Belgique, la désorganisation d'une armée qui s'était si glorieusement annoncée : voilà quels furent les résultats d'une journée qui fit perdre à Dumouriez toute sa gloire, et même la confiance de ses compatriotes.

Nous nous arrêterons à cette bataille qui ouvrait encore une fois aux alliés les frontières de la France; avant de rapporter les désastres qui l'ont suivie, nous allons, afin de rapprocher les faits qui se passèrent à peu près aux mêmes époques, suivre ceux de nos généraux qui s'opposaient aux entreprises du duc de Brunswick.

CHAPITRE II.

CAMPAGNE DE FRANCE.

État des forces opposées sur ce point à l'armée d'invasion. — Reddition d'Orchies. — Blocus de Landau. — Combats de Fontoy, de Longwy. — Prise de Verdun. — Combat de Valmy. — Siége de Lille. — Retraite de l'armée prussienne. — Siége de Thionville. — Evacuation de Longwy. — Combat d'Audaye. — Attaque du camp de Sare. — Retraite de l'armée de Belgique. — Combats de Rixhem, de Thuir et de Baygorry. — Combat de Château-Pignon. — Révolution de Saint-Domingue.

LA grande armée coalisée s'approchait des frontières de la France; le duc de Brunswick, qui en dirigeait les mouvemens, était déjà sur le Rhin : la Prusse et l'Autriche venaient de terminer leurs préparatifs de guerre : le 12 août 1792, cent cinquante mille combattans se présentèrent sur nos frontières; ils s'étendaient depuis Dunkerque jusqu'à la

Suisse : vingt mille émigrés français, dont six mille de cavalerie, se joignirent à ces forces déjà imposantes, dans la persuasion que l'étranger ne marchait que pour le salut et les intérêts du Roi. Nous avons vu quels combats furent livrés en Belgique, quels corps ennemis s'y jetèrent, quelle partie de nos troupes s'opposa à leurs progrès ; nous allons porter notre attention sur d'autres faits d'armes, et considérer sur un autre point le théâtre de la guerre. Le duc de Brunswick et les Prussiens furent les ennemis que nous eûmes à combattre en France. Dans les corps des généraux Luckner et Lafayette se trouvèrent les défenseurs que nous opposâmes à leurs attaques. Après une querelle élevée entre ces deux chefs, il fut arrêté que le premier agirait entre le Rhin et Longwy, le second entre Montmédy et Dunkerque. Quelques garnisons enfermées dans les places qui se trouvent sur cette ligne soutinrent par des sorties heureusement combinées les efforts de nos deux armées, et contribuèrent puissamment aux triomphes qu'elles remportèrent. Le général Dumouriez se porta aussi au-devant des Prussiens toutes les fois que sa présence devint nécessaire, et il arriva, par les secours mutuels que se prêtèrent les différens corps de l'armée française, que nous retrouvons encore ici les généraux Dillon, Frégeville, Stengel, Leveneur et tant d'autres braves que de brillans exploits nous ont déjà fait connaître. En France, comme en Belgique, nous allons voir nos troupes opérer des prodiges de bravoure, affronter les plus grands périls, vaincre des obstacles presque insurmontables, et, soudain abattues par une frayeur qui n'a pour cause qu'une injuste méfiance, fuir devant un ennemi qui ne songe ni à les poursuivre ni à les attaquer.

Les hostilités commencèrent par la prise d'Orchies. Le duc de Saxe-Teschen, campé près de Mons avec 20,000 hommes, en détacha cinq mille, sous le commandement du comte de Latour et du colonel Keim, avec ordre de s'emparer d'Orchies pendant la nuit: ces troupes se présentèrent aux portes de Lille et de Douai, à deux heures du matin: elles firent de vains efforts pour les enfoncer: les assiégés qui n'étaient qu'au nombre de six cents opposèrent une résistance opiniâtre: un bataillon de la Somme soutint avec une bravoure sans égale le choc des assaillans: mais l'obscurité étant dissipée, le jour vint trahir la faiblesse des assiégés, et le général Desmarets, qui se trouvait dans la place et à qui cette défense fait le plus grand honneur, fut forcé de l'abandonner aux Autrichiens; ceux-ci en furent chassés le lendemain par le maréchal Marassé.

Après ce combat, les généraux Luckner et Lafayette changèrent leurs positions : le premier se plaça derrière Longwy, le second poussa une reconnaissance dans les Ardennes, au-devant d'Arlon, et campa sur Mouzon, dans les retranchemens de Sédan. Ainsi tout se préparait au camp pour recevoir l'ennemi.

Cependant le roi de France était insulté jusque dans son palais; s'il eût accepté l'offre que lui faisait le général Lafayette, les troupes rentraient aussitôt dans Paris pour lui servir de rempart : M. Larochefoucauld-Liancourt, commandant une division en Normandie, écrivait aussi à la cour dans le même sens. Peut-être eût-il mieux valu que le Roi se fût entouré de l'armée nationale, disposée alors à le défendre contre ceux qui menaçaient sa vie, et qu'il n'eût point refusé les secours qu'elle lui offrait : il le fit cependant; il craignit de devoir encore son salut aux hommes de la constitution; il espéra l'obtenir du duc de Brunswick, qui lui écrivait que la coalition allait bientôt le délivrer. Les lettres que le général des armées prussiennes envoyait au Roi éveillèrent le soupçon, fournirent un prétexte; le malheureux Louis XVI fut constitué prisonnier. Dans ce même moment Lafayette fut proscrit par le parti révolutionnaire : il ne quitta ses troupes qu'après avoir pris toutes les précautions nécessaires à leur sûreté; et, rencontré par un parti ennemi lorsqu'il gagnait un pays neutre, il commença une longue captivité, dont il ne fut délivré dans la suite que par les victoires éclatantes de l'armée française.

Ce fut alors que le duc de Brunswick perdit le Roi par une proclamation impolitique : au lieu de promettre l'armistice aux Français égarés, de leur faire ouvrir les yeux sur leurs vrais intérêts, de se servir des mots de concorde et conciliation..., il répand les injures, il prodigue les menaces. Il déclare que les armées étrangères puniront tous les Français comme rebelles, qu'elles rendent chaque citoyen responsable sur sa vie des attentats commis contre la famille royale; que, si le Roi n'est rétabli sur son trône et ne reprend en main les rênes du pouvoir, elles mettront tout à feu et à sang, et livreront toutes les villes au pillage dans le cas de la moindre résistance. Ce manifeste eut l'effet qu'il devait avoir; le peuple s'indigna des menaces d'un injuste ennemi, de cette solidarité qu'on établissait entre lui et des factieux desquels il était lui-même victime : un cri d'indignation retentit dans toute l'étendue de la France, et les chefs de la révolte se servirent de l'ardeur belliqueuse qui éclatait, pour anéantir le trône, et établir le règne de la terreur et de l'anarchie.

C'est en vain que le Roi désavoue publiquement le manifeste de Coblentz; c'est en vain que les princes français qui se trouvent dans le camp des Prussiens adressent eux-mêmes une déclaration pour assurer au peuple que ce n'est point contre lui, mais seulement contre les factieux qu'ils vont marcher.... L'impulsion est donnée; les esprits ne reviennent pas, et le mal est fait.

L'ennemi passe le Rhin; deux colonnes, de 15,000 hommes chacune, marchent sous les ordres du prince Hohenlohe, et chargent les avant-postes de l'armée française, placés à Herxenheim. Le général Biron, qui la commandait, se retire sur Arzheim après avoir jeté trois mille hommes dans Landau, que le duc de Brunswick menaçait par un mouvement en Alsace. Custine, chargé de conduire le détachement qui va défendre Landau, trouve la place démantelée : M. de Martignac, qui en était gouverneur, venait d'émigrer ; Custine fait relever les positions, et se porte en avant pour reconnaître l'ennemi, ayant donné à ses lieutenans Kellermann et Victor de Broglie un point de réunion ; arrivé seul à l'endroit indiqué, il y rencontre les Autrichiens : ses lieutenans n'arrivent point ; forcé de mettre le sabre à la main, il charge à la tête de ses dragons, et les escadrons ennemis plient devant les siens ; mais un renfort survient qui bientôt le contraint à la retraite : il se retire en bon ordre sur Arzheim : tout-à-coup des cris d'alarme se font entendre, et les soldats effrayés fuient en désordre jusqu'à Landau, et s'enferment dans cette ville : le prince Hohenlohe fait le siége de Landau, qu'il abandonne après quinze jours de blocus.

Pendant que Landau était ainsi cerné, une colonne ennemie, partie de Coblentz, paraissait vouloir pénétrer en France, entre Longwy et Thionville : Luckner se mit en marche ; et, pour s'opposer au projet d'invasion, il se retrancha dans Fontoy, village situé à distances égales des deux places menacées : vingt-deux mille Autrichiens se présentèrent sous les retranchemens qu'il venait d'achever : il les reçut avec la mitraille, les écrasa sous le feu de ses batteries, les obligâ de se retirer et d'abandonner un champ de bataille jonché de leurs cadavres.

Bientôt après, des forces plus imposantes se dirigèrent sur Longwy : l'armée coalisée, disposée sur plusieurs ligues, marcha toute entière de ce côté ; le duc de Brunswick et le roi de Prusse se montraient à l'avant-garde.

La place de Longwy était en état de résister : elle avait une forteresse hexagone, fortifiée sur cinq côtés, 72 pièces de canon distribuées sur les remparts, dix-huit cents hommes renfermés dans ses murs, et des munitions de toute espèce dans ses magasins. Le commandant Lavergne, chef de la garnison, eût fait sans doute une honorable et longue résistance, s'il eût été mieux secondé des habitans.

Le même jour où l'ennemi parut sous la ville, le général Clairfait, chargé du siége, envoya un parlementaire pour sommer les habitans de se rendre : le 20, la sommation fut répétée ; un second refus y répondit. Le 21, à l'entrée de la nuit, les batteries des assiégeans, disposées par le colonel Tempelhof, commencèrent leur feu auquel répondirent les batteries de la place. Le 22, le bombardement recommence. L'ennemi, plus heureux que la veille, met le feu à un magasin de fourrages et de plusieurs demeures de particuliers. Les flammes qui se répandent sur la ville effraient les habitans : la populace s'assemble, menace les membres du conseil défensif, qui forcent le commandant d'accepter une capitulation : le 23, la garnison sort avec tous les honneurs de la guerre, et reçoit, à quelque distance de la ville, un magistrat sauvé miraculeusement de la potence à laquelle le commandant prussien avait l'infamie de le condamner, parce qu'il s'était opposé à la reddition de la place.

Le duc de Brunswick attendit, pour poursuivre le cours de ses opérations, des nouvelles du prince Hohenlohe, qui devait assiéger Thionville. Le 28, toute l'armée prussienne se remit en marche par Longuyon, Etain, Pillon ; et, le 30 août, elle campa sur les hauteurs de Saint-Michel, à deux mille de Verdun.

Le quartier-général du Roi de Prusse était alors à Grand-Bras, sur la rive droite de la Meuse.

Verdun était entouré de toutes les fortifications qui défendent ordinairement une ville de guerre; mais ces fortifications étaient en mauvais état; elle avait pour gouverneur le commandant Beaurepaire, qui était parvenu, par son courage au grade de capitaine avant la révolution; trois mille cinq cents hommes bien aguerris obéissaient à ses ordres : mais les habitans ne partageaient point le même esprit que la garnison : sincèrement royalistes, ils avaient pillé les magasins, le premier jour de l'investissement, pour s'opposer à toute espèce de défense.

Le 31, l'ennemi complète l'investissement de la place; et, après avoir jeté un pont sur la Meuse, il envoie sommer les habitans de se rendre. Sur le refus qu'ils en font, il commence le bombardement : les boulets pleuvent sur la ville, et partent de trois batteries, l'une établie à Saint-Michel, l'autre du camp du prince Hohenlohe, la troisième de celui du général Kalkreuth. Quelques maisons sont incendiées; alors, comme à Longwy, les autorités civiles demandent au conseil de défense que l'on ouvre les portes. Beaurepaire résiste; l'ennemi offre une capitulation, ou menace de l'escalade : les bourgeois ne voient plus que les horreurs du pillage, ils accordent tout. Le brave commandant Beaurepaire se brûle la cervelle dans le conseil, pour n'être peint témoin de la honte qui l'effraie. Le 2 septembre, la garnison évacue avec les honneurs de la guerre, emportant dans un fourgon le corps de son chef, victime du véritable patriotisme. Elle arrive à Sainte-Ménéhould: un jeune lieutenant, Marceau, qui s'était opposé à la reddition de la place, et avait prononcé des discours pleins de bravoure et d'éloquence, se retire avec l'armée : un représentant du peuple, apprenant la conduite qu'il avait tenue, lui demande ce qu'il veut qu'on lui rende à la place de son équipage, de ses chevaux, de son argent qu'il a perdus dans le siége. Je ne veux qu'un sabre, répond-il avec fureur; je ne veux que venger notre défaite.

Le peu de résistance que les coalisés avaient trouvé devant Longwy et devant Verdun exalta leur courage, et les fit trop présumer de leurs forces : le roi de Prusse ne douta plus qu'il ne fût appelé à restaurer la monarchie française : il donna l'ordre à ses troupes de traverser la Champagne et de marcher sur Paris. Mais le duc de Brunswick n'aborda pas franchement le projet d'attaque qui lui fut ordonné, et il perdit tous ses avantages en temporisant mal à propos.

En effet, les hommes qui s'étaient emparés en France du pouvoir, et qui avaient le plus grand intérêt à s'opposer à une invasion dont le succès entraînait leur perte, se servirent de tous les moyens imaginables pour soulever les esprits. Les journaux rappelèrent les manifestes du duc de Brunswick, y ajoutèrent des commentaires, sonnèrent l'alarme, et offrirent les tableaux affreux qui devaient bientôt avoir lieu si les Prussiens pénétraient jusqu'au centre de la France. Les Français répondirent à ces appels, et les gardes nationales, levées et organisées dans un même moment, se rendaient à Châlons : Dumouriez recrutait de tous côtés, et le général Kellermann, qui avait remplacé Luckner à l'armée du Rhin, rassemblait à Metz environ 22,000 combattans. Ces deux généraux, après plusieurs marches, prennent position : Dumouriez à Sainte-Ménéhould, Kellermann à Dampierre-le-Château.

Kellermann ne s'était porté sur ce point que pour soutenir Dumouriez, que les corps de Clairfait et de Brunswick avaient déjà contraint à un mouvement de retraite : le roi de

Prusse, qui avait ordonné de cerner Dumouriez, ne voulut pas calculer que l'arrivée du général Kellermann dérangeait ses plans; et, le 20 au matin, il fit attaquer sur Somme-Bionne.

Le général Dumouriez, ayant toujours son quartier-général à Sainte-Ménéhould, avait fait couronner les hauteurs en avant de cette ville. Il avait aussi placé un bataillon à Saint-Thomas sur la droite de l'Aisne, et poussé des détachemens jusqu'à Auve. Le général Stengel, qui lui servait d'avant-garde, était posté avec 5000 hommes derrière la petite rivière de Valmy, et liait son armée à celle du général Kellerman. Ce général avait son centre à Dampierre-sur-Auve, sa droite sur les hauteurs de Valmy, sa gauche à Voilemont et à Hans son avant-garde que commandait le général Després Cassier. Ce poste est attaqué par l'avant-garde prussienne, et forcé de se replier devant des forces supérieures, Kellermann s'aperçoit de ce mouvement de retraite: il envoie sa réserve, composée de carabiniers et d'artillerie légère. Le général Valence qui la conduit se déploie de Gizancourt à Valmy, et masque ainsi toute la plaine: l'ennemi à qui sa contenance ferme en impose le croit soutenu par des bataillons d'infanterie, et s'arrête ; alors Kellermann change sa position, fait descendre sa gauche jusqu'au ruisseau de l'Auve, et occupe Maupertuis, appuyant sa droite sur les hauteurs de Valmy. Il établit dix-huit pièces de canon au moulin, et charge le général Stengel de couronner la hauteur : une seconde batterie de dix-huit pièces est aussi placée sur les hauteurs de Valmy, vers le centre de la ligne.

Pendant que l'on prenait ces dispositions, le général Frégeville, à la tête d'un corps de cavalerie, venait de renforcer le corps de Kellermann ; le général Chazot conduisait neuf bataillons et huit escadrons, entre Dampierre-sur-Auve et Gizancourt, où ils prenait position. Le général Beurnonville, avec sept autres bataillons, faisait un mouvement qui le mettait à même de soutenir, selon le besoin, l'armée du général Kellermann ou le corps du général Stengel ; enfin le général Leveneur se portait par Berzieux sur Virginy, et se disposait à tourner la gauche de l'ennemi, se ménageant toujours les moyens de reprendre la position qu'il venait d'abandonner.

Le brouillard s'opposait à ce que l'ennemi

pût voir nos dispositions; mais en même temps aussi il cachait les siennes : les Autrichiens déployaient sur les hauteurs de la Lune une artillerie de 58 bouches à feu : ils élevaient quatre batteries, dont une d'obusiers : à sept heures et demie le brouillard cesse, les armées sont en présence, et le combat commence. Le feu de l'ennemi répond au nôtre, les pièces sont servies avec une extrême activité : à neuf heures une nouvelle batterie se montre à découvert en avant de la maison de la Lune : Kellermann marche dessus; à sa droite sont les corps détachés de Dumouriez sous les ordres du général Stengel; à sa gauche le général Valence à la tête des carabiniers et des grenadiers. Le combat s'anime, notre feu a l'avantage, et nous croyons avoir vaincu, quand les obusiers de la troisième batterie sont changés de direction, et portent dans nos rangs le carnage et la mort. Des boulets font sauter deux de nos caissons d'artillerie, et l'explosion tue et blesse beaucoup de monde. Le tumulte se répand au milieu des bataillons français, et les soldats du train se retirant en grande hâte, le feu se ralentit faute de munitions : alors le général Kellermann fait avancer la cavalerie qui était en réserve, et les chariots viennent reprendre leurs places derrière les cavaliers, qui repoussent les Prussiens : de son côté, le duc de Brunswick, voyant le combat rétabli, forme son armée sur trois colonnes d'attaque, dont deux sont dirigées sur Valmy. Pour répondre à cette manœuvre, le général français dispose aussi son armée en colonne, et, la faisant marcher par bataillons, adresse cette phrase aux soldats : *Camarades, voici le moment de la victoire; avançons sous le feu de l'ennemi, et chargeons à la baïonnette....* Ce discours est suivi de ces mots : *Vive la nation ! sachons vaincre pour elle.* Aussitôt l'enthousiasme succède à l'incertitude qui arrêtait nos efforts : de tous côtés les troupes chargent l'ennemi aux cris de, *Vive la nation ! vive la république !* Les Prussiens, surpris de cette nouvelle attitude et du changement qui vient de s'opérer, chancellent et lâchent pied. Le duc de Brunswick préfère à la honte d'une déroute, les honneurs d'une retraite bien exécutée, et l'armée ennemie cède le champ de bataille.

Stengel eut aussi à soutenir sur la droite une vive canonnade. Le général Clairfait s'efforça en vain de l'entamer, et se retira sans pouvoir envelopper le corps de Kellermann, protégé par cette résistance de l'extrême droite. Sur les quatre heures du soir, il reparut et reprit l'attaque avec aussi peu de succès que le matin; les colonnes qui avaient assailli le centre se reformèrent et vinrent à la portée du canon : elles furent reçues par vingt-quatre pièces placées en batterie au moulin de Valmy, et les pertes qu'elles essuyèrent alors furent telles, qu'elles se retirèrent plus promptement encore que la première fois. Les Français, vainqueurs à Valmy, acquirent la conscience de leur force, et de là naquit cet héroïsme qui, pendant vingt ans, les rendirent maîtres de tous les champs de bataille.

Dans cette affaire, nous perdîmes le lieutenant-colonel Lormier : le général Kellermann, qui eut un cheval tué sous lui d'un coup de canon, fut nommé depuis duc de Valmy en mémoire des services qu'il avait rendus dans cette journée.

Dumouriez, pour aller au-devant des Prussiens, avait dégarni la frontière du Nord, et le général Moreton, trop faible pour résister à l'armée autrichienne du duc Albert de Saxe-Teschen, s'était enfermé dans Valenciennes, après avoir jeté quelques corps dans Condé et

Bouchain : ne trouvant plus aucun corps qui s'opposât à sa marche, le général autrichien déborda sur le territoire français; prit Roubaix, Tourcoing, Lannoy, s'avança sous Douai, sous Valenciennes, et, le 23, assiégea la ville de Lille. Trente-trois mille hommes, dont huit de cavalerie, ne suffisaient point pour l'investissement complet de cette place : aussi, pendant qu'il en fit le siége, elle conserva ses communications sur Dunkerque, sur Douai et sur Béthune.

Son projet était de soumettre la ville à un bombardement continuel, et de forcer la garnison d'ouvrir les portes aux sollicitations de la bourgeoisie qu'il soupçonnait devoir opposer une longue résistance. Il n'avait point assez de monde pour tenter un blocus dans les règles : les assiégés n'auraient point eu dans ce cas assez de troupes de ligne et d'artilleurs pour se défendre. Sur huit mille hommes qui composaient la garnison, trois mille seulement étaient disciplinés et aguerris : le général en chef Duhoux, qui venait d'entrer dans la place, avait pour lieutenans les maréchaux de camp Ruault, Lamarlière, Champmorin ; le capitaine de génie Marescot devait diriger les opérations : le lieutenant-colonel Guiscard l'artillerie. Un citoyen, nommé Bryan, commandait la garde nationale.

La journée du 23 fut employée aux prépatifs de siége : le duc de Saxe-Teschen fit ouvrir une tranchée qui partit d'Helemmes sur la route de Tournay, et s'étendit par quatre zigzags jusqu'au village de Fives, qu'il avait occupé après un léger combat : les jours suivans se passèrent sans qu'on en vînt aux mains; les travaux furent continués, et la ligne des retranchemens enveloppa tous les villages voisins de Lille.

Le 24, les assiégés firent une première sortie qui inquiéta les travailleurs, mais ne les chassa point de leurs ouvrages : dans les journées des 25, 26, 27 et 28 septembre, de nouvelles sorties furent exécutées sans autre résultat que de retarder les travaux : alors Duhoux assembla le conseil de guerre, le conseil de la commune, et déclara la ville en état de siége.

Le 29 septembre, le major autrichien d'Aspes vint demander au conseil et à la municipalité les clefs de la place : il déclara que, si elle se rendait aux troupes de la coalition, elle serait traitée avec douceur; qu'au contraire, si elle résistait, elle aurait à souffrir l'incendie et toutes les horreurs de la guerre. André, maire de la ville, répondit au parlementaire : « Nous venons de renouveler notre serment d'être fidèles à la nation : nous ne sommes point des parjures ; nous soutiendrons la liberté, ou nous mourrons. » Le commandant Ruault ajouta : « Que les habitans voulaient vivre libres ou mourir, et qu'il les soutiendrait de tous ses efforts. » L'envoyé autrichien, les yeux bandés, fut reconduit aux cris mille fois répétés de, *Vive la nation ! vive la liberté !*

A trois heures après midi vingt-quatre canons de gros calibre chargés à boulets rouges tirèrent sur la ville : en un instant trois batteries ennemies lancèrent trois gerbes de feu qui couvrirent la ville dans son plus grand diamètre, et ne laissèrent aucune habitation sans danger. Les obus, les bombes, les boulets rouges, tombaient comme la grêle, et partout portaient la consternation et la mort. Le quartier Saint-Sauveur fut surtout le point où l'incendie fut le plus violent. Les casernes de Fives et l'église Saint-Etienne furent aussi la proie des flammes. Pendant cinq jours le bombardement fut nourri avec une inconcevable ardeur. La première nuit fut terrible à passer pour les habitans ; le jour vint, et leur abattement fut moindre ; enfin ils élevèrent leur courage au degré que demandait leur position désastreuse, et rien ne leur fut plus impossible. Partout l'on trouve des défenseurs et des frères. La famille dont le toit vient de tomber sous les progrès du feu, trouve de suite une autre demeure : des femmes, des enfans sont occupés à courir sur les bombes pour en arracher les mèches : les bourgeois armés de grandes cuillers de fer qu'ils ont fait fabriquer exprès, vont dans les maisons où tombent les boulets rouges, les saisissent et les jettent dans les ruisseaux : des canonniers des gardes nationales, avertis que leur maison brûle au moment où ils remplissent leur service sur les remparts, répondent qu'ils ne peuvent quitter leur poste, et ne volent au secours de leurs biens que lorsqu'ils sont remplacés. Le feu se ralentit, mais il reprit avec plus de force encore dans la journée du 3 octobre, et l'on prétendit que Marie-Christine, archiduchesse, gouvernante des Pays-Bas, qui venait d'arriver au camp autrichien, était cause de ces nouveaux ravages.

Le 5 octobre, le feu se ralentit de nouveau, et les canons ennemis ne lancèrent plus sur la ville que des barres de fer et des cailloux : le 7, le duc de Saxe-Teschen, sur la nouvelle de nos succès en Champagne, exécuta un mouvement de retraite sur Tressin. Bientôt les Lillois purent sortir de leur ville, et contenter un reste de vengeance en détruisant avec fureur ces travaux qui avaient servi de sauve-garde aux coalisés.

Le général Kellermann, comme nous l'avons vu, avait sur l'ennemi un avantage marqué : il venait de remporter une victoire à Valmy. Cependant il craignit que les Prussiens ne voulussent tourner sa gauche, et couper ses communications : pour s'opposer à cette entreprise, dans le cas où ils l'auraient conçue, il passa l'Auve, et prit une nouvelle position sur les hauteurs de Voilemont, s'assurant ainsi des secours en rapprochant sa droite de l'armée de Dumouriez.

Ce que le général Kellermann avait craint ne manqua pas d'arriver : le duc de Brunswick exécuta la manœuvre qui devait tourner les troupes françaises ; mais sa surprise fut grande quand il vit que nos soldats avaient contre-manœuvré, qu'ils étaient maîtres d'une position inexpugnable, et que le canon écrasait les siens : il ordonna de reprendre les retranchemens ; il se trouvait dans une situation critique : derrière lui était le général Dillon, avec 30,000 combattans, devant lui l'armée de Kellermann, portée à plus de 60,000 hommes; de toutes parts de gardes nationaux s'avançaient pour lui couper la retraite. D'un autre côté, la dyssenterie faisait un ravage effrayant dans son armée, et les vivres qui venaient de Verdun manquaient souvent à cause des détours qu'il fallait prendre. Le général prussien quitta ce fier langage qu'il avait affecté lors de son entrée en campagne; il ne menaça plus une nation qui s'était levée tout entière contre lui; il parla même d'abandonner tout projet de conquête : il regagna Verdun, et son armée en douze jours de marche diminua de moitié. Elle commença à effectuer un passage sur la Meuse. Dillon arriva sur les derrières de l'ennemi; il envoya à Verdun, où rentrait la queue de l'armée ennemie, un parlementaire. Le roi de Prusse demanda trois jours pour évacuer la place : le 14 octobre, Dillon avec ses troupes, prit possession de la ville au nom de la république française.

Le 16 octobre, les Autrichiens nous abandonnèrent aussi Thionville : voilà quels furent les événemens les plus marquans de ce siége. Le 23 août, le duc de Brunswick crut devoir commencer par nous enlever Thionville, persuadé que la possession de cette place serait d'un grand secours à son projet d'invasion: une forte colonne, où se trouvait un nombre assez considérable d'émigrés français, avait investi la ville : le bombardement avait commencé le 24, et après trois jours de tranchée ouverte, Félix Wimpfen, qui commandait dans Thionville, avait répondu à ceux qui le sommaient de se rendre : *On peut brûler la ville, mais du moins on ne peut brûler les remparts.* Cette résolution courageuse porta les Autrichiens à une attaque générale; mais une sortie faite à temps par les assiégés dérouta leurs projets : leurs travailleurs furent égorgés, et leur camp rempli de carnage. Une seconde sortie tentée avec autant de courage, et couronnée par le même succès, fit tomber entre les mains des habitans de Thionville les magasins que contenait le camp de Richemont. Dans cette même expédition, le pont établi sur la Moselle fut rompu; le camp de gauche, ayant ses communications avec le camp de Richemont entièrement coupées, fut assailli par les assiégés et pillé.

Ces pertes continuelles firent désespérer l'ennemi de s'emparer de la ville par la force; il essaya la trahison : on offrit un million au commandant pour trahir son pays. « Eh bien, j'accepte cette somme, répond Wimpfen à l'envoyé chargé de le corrompre ; mais je veux, ajoute-t-il en riant, que le contrat de donation soit passé pardevant notaire ». Toujours enveloppé par les troupes ennemies, Wimpfen demande des hommes de bonne volonté qui traversent les lignes autrichiennes, et courent à Metz demander du secours. Trois hussards partent à bride abattue; deux sont tués, le troisième arrive à Metz avec son ordre et de glorieuses blessures. Les secours furent inutiles, les Autrichiens se retirèrent à la nouvelle des échecs que les corps coalisés venaient de recevoir sur d'autres points.

Verdun était occupé par des troupes françaises ; Longwy restait encore au pouvoir des coalisés. Le 20 octobre, elle rentra aussi sous les drapeaux français : cette armée étrangère, qui venait de causer tant de désastres sur notre territoire français, se résolut enfin à l'évacuer, et nos soldats purent à leur tour se jeter dans le pays ennemi.

Ici, les troupes étrangères se retirent de France, et nous sommes contraints, pour suivre la marche que nous nous sommes imposée, de nous reporter jusqu'au 25 avril 1793. C'est ce jour en effet qu'un nouveau combat eut lieu en France. Depuis la reddition de Longwy les horreurs de la guerre avaient affligé d'autres points C'était chez l'ennemi que nos troupes avaient combattu, bientôt le sol français fut de nouveau envahi. L'Espagne se déclara contre la France, et jura de venger la mort d'un Roi qui, par les nœuds du sang, était attaché à son souverain : la Hollande fit aussi des préparatifs de guerre pour se mettre en défense contre les entreprises de l'armée de Belgique ; et l'Angleterre, toujours prompte à saisir les occasions de nuire à la nation française, se joignit à la coalition, et ne consulta que sa haine en feignant de servir les intérêts des Bourbons. Ces nouveaux ennemis étaient redoutables ; ils allaient le devenir encore davantage par leur alliance avec ceux que nous avions terrassés, et qui brûlaient de venger leurs défaites.... Les chefs du gouvernement français auraient dû faire taire leur ambition et prendre au moins une fois conseil des circonstances. La France eût élevé moins de trophées à sa gloire ; mais elle eût éprouvé moins de misères.

Le général Saint-Servan, chargé de commencer les hostilités contre l'armée d'Espagne, prend position à Andaye le 25 avril : il divisa ses forces en plusieurs camps, garda sur son front la hauteur nommée *Camp républicain*, et appuya sa gauche sur le fort d'Andaye : une redoute fut construite sur une montagne voisine, dite de Louis XIV. Le même jour où ces préparatifs furent achevés, le général don Ventura Caro, qui commandait les Espagnols, mit en jeu une artillerie formidable : les obus, les bombes, les boulets tombèrent sur nos redoutes, et leur nombre fut immense. La gauche fut attaquée, la montagne Louis XIV enlevée, et la citadelle fortement canonnée : nous allions perdre du terrain quand le chef d'un bataillon d'infanterie légère, Villot, ranima les soldats, leur rendit une confiance qu'ils avaient perdue, et les mena à la victoire : don Ventura Caro fut obligé de se jeter de l'autre côté de la Bidassoa.

Ce général, n'ayant point réussi dans son attaque contre le camp d'Andaye, se porta sur celui de Sare : il avança de nuit, couvrit sa marche, et jeta tout-à-coup l'épouvante au milieu des bivouacs par une décharge d'artillerie. Ainsi mitraillé à l'improviste, le soldat se trouble : le commandant La Chapelette ne voit qu'un moyen pour sauver le corps qu'il a sous ses ordres; il fait sonner la retraite, et se rend à Ulsautz, tandis que Latour-d'Auvergne protége ce mouvement, en formant un rideau de ses braves grenadiers.

Les choses en étaient là lorsque Dumouriez, auquel on reprochait des revers et une défaite, résolut de changer la face du gouvernement, et de se soustraire ainsi au jugement qui lui était réservé : il voulut marcher sur Paris, et, attaquant le gouvernement républicain dans son sein, le frapper d'un coup mortel : il obtint donc une trêve de l'ennemi, livra aux Autrichiens en otage le général Beurnonville, et quatre commissaires envoyés pour le saisir, et proposa à ses troupes de seconder ses projets : les soldats français refusèrent de marcher sur Paris, quand l'ennemi franchissait la frontière. Dumouriez, désespéré, ne vit plus de salut que dans la fuite : après avoir occupé le premier rang peut-être parmi les généraux défenseurs de la patrie, il devint transfuge.

Le général Dampierre, auquel ses exploits avaient acquis une haute réputation, fut nommé général en chef. Il s'occupa aussitôt de rallier les corps français dispersés sur un grand nombre de points, et lia, par une ligne de cantonnement les camps établis devant Maubeuge, Lille et Philippeville.

Son quartier-général était alors à Famars.

Le général Dampierre se tint d'abord sur la défensive : plusieurs engagemens sans résultat eurent lieu à Vicogne, à Fresnes, à Curgie : une affaire plus sérieuse se donna à Condé ; l'ennemi eut l'avantage : les jours suivans, forcé par les cris des soldats qui brûlaient du désir de se venger, et par les sollicitations des généraux conventionnels, Dampierre se trouva amené malgré lui à une affaire générale : il prévoyait la faiblesse de ses moyens de défense ; il eut la douleur de voir triompher l'ennemi une seconde fois, en vain le général Lamarlière exécuta-t-il, pour soutenir le corps d'attaque, les manœuvres les mieux combinées ; en vain nos soldats terribles au premier choc renversèrent-ils en un moment les Autrichiens sur les deux rives de l'Escaut : des batteries placées sur notre front portèrent la mort et le désordre dans nos rangs. Le brave Dampierre fut frappé d'un boulet, et ne vit sa mort différée d'un jour que pour assister à une défaite. Le 24, l'ennemi, profitant de ses avantages, nous attaqua sur Auzain, et se rendit maître du camp, après un combat sanglant. Il parvint à investir Valenciennes et le duc d'Yorck, qui, survenu avec un corps anglo-hanovrien, lui avait servi de renfort dans les dernières affaires, fut chargé des travaux du siége.

Nous étions ainsi vainqueurs sur un point, et vaincus sur un autre : pendant toute cette guerre, on remarquera ces alternatives : une victoire était suivie d'une défaite, et rarement la France apprenait qu'elle avait chassé les ennemis d'une partie de ses frontières, qu'elle ne reçut en même temps la nouvelle qu'ils pénétraient par une autre. Les combats de Rixheim, de Menin et du Val-Carlos prouvent la vérité de cette remarque.

Les Autrichiens, près de Rixheim, avaient poussé huit mille hommes en avant : le général Custine, qui commandait la ligne depuis le Rhin jusqu'à Hornbach, résolut de les enlever : il part à la nuit tombante avec six bataillons, trois régimens de dragons, deux régimens de chasseurs à cheval : les Prussiens sont contenus pendant le combat engagé par les généraux Houchard et Pully ; les Autrichiens sont aussi tenus en échec par le général Ferrières ; d'abord Custine remporte quelque avantage; mais un de ses bataillons plie sous une charge et fait un mouvement rétrograde : les corps qui étaient restés en ligne le prennent pour un bataillon ennemi, et croient que tout est perdu. Cette erreur met bientôt le plus affreux désordre dans les rangs, et Custine bat en retraite sans avoir pu retirer le moindre avantage d'une tentative, sur laquelle il se croyait en droit de compter.

A Thuir nous éprouvons encore un échec. Le général Deflers est attaqué sur ce point par don Antonio Ricardos, qui s'avance contre lui à la tête de douze mille hommes de troupes d'élite. L'artillerie se fait entendre de part et d'autre : tous les coups portent, et quatorze pièces foudroyent notre droite, dont le feu est bientôt éteint. Le général Deflers est en même temps surpris dans son camp par le duc d'Ossuna qui vient de le tourner; il forme ses soldats en masse; il présente à l'ennemi un front hérissé de baïonnettes, derrière lesquelles les 2.e et 3.e rangs nourrissent une décharge de mousqueterie terrible : cette manœuvre savante et une contenance ferme sauvent les Français dans une position désespérée.

Tandis que nous étions ainsi repoussés par un ennemi vainqueur, dans les Pyrénées orientales, nous étions à la veille d'un succès dans les Pyrenées occidentales : le général Servan, après le combat d'Audaye, était resté sur la défensive ; le général espagnol gardait la même réserve, et jusqu'au 23 mai le grand nombre des ennemis et leur timidité furent cause de la plus grande inaction : cependant, sur la fin de ce mois, les Espagnols, au nombre de dix-huit cents, firent une irruption dans le Val-Carlos, et s'y retranchèrent. Le général Lagenetierre, posté par Servan, à Saint-Jean-Pied-de-Port, apprend que l'ennemi veut l'attaquer. Le colonel Nogues, qui combat sous ses ordres, lui conseille de prendre l'initiative. Des monts escarpés, où des chèvres peuvent seules se soutenir, sont couverts de canons par l'adresse et l'intrépidité des Basques qui les descendent sur les escarpemens, en tenant la roche d'une main, et faisant la chaîne de l'autre : les batteries sont à peine en activité, que les Espagnols, effrayés de se voir foudroyés du haut de ces monts inaccessibles, abandonnent leur camp retranché, et laissent là munitions, armes et bagages. Le général Lagenetierre fait aussi un certain nombre de prisonniers.

Le 3 juin, il est encore attaqué par les Espagnols, près de Baigorry. Le général Lamarque est chassé de la fonderie où il était posté, et contraint de se retirer sur ce village : quelques corps vont occuper les montagnes d'Anhaux. L'ennemi, après avoir brûlé la magnifique fonderie de Baigory, (ce qui anime tous les Français du désir de la vengeance) vient sur le village pour recommencer le combat. Le général Mauco, qui commandait alors les troupes françaises, répond à la fusillade de l'ennemi par une plus vive encore : une balle l'atteint au front : le sang qui couvre son visage ne l'empêche point de donner les ordres avec le même sang-froid. La vue de leur général blessé augmente la rage des soldats, et les Espagnols sont encore culbutés sur tous les points. Un nouveau combat a encore lieu, le 6, sur Château-Pignon. Le capitaine Moncey renverse l'ennemi au moment même où il se présente : protégé par le brouillard qui s'oppose à ce qu'on ne puisse voir le petit nombre de ses soldats, il remporte l'honneur des premiers coups. Mais bientôt le brouillard se dissipe, et l'ennemi, bien supérieur en forces, honteux d'avoir fui devant un détachement, revient à la charge avec fureur. Le général Lagenetierre arrive trop tard au secours de Moncey, et les Français, après avoir tué douze cents hommes à l'ennemi, se réfugient sous le canon de Saint-Jean-Pied-de-Port.

Ce fut alors que la révolution qui tourmentait la France étendit sa funeste influence dans les colonies : les noirs venaient d'être rendus égaux aux blancs par un décret de l'Assemblée nationale, et ces hommes irrités par une longue oppression eurent le malheur de se livrer aux crimes les plus atroces : des haines, long-temps concentrées sous un pouvoir tyrannique, éclatèrent, fortes de l'égalité, et le sang des blancs inonda Saint-Domingue : les massacres furent à l'ordre du jour, les habitations furent livrées au pillage, les campagnes à l'incendie, les villes à l'épouvante, et le commerce tomba entièrement. Le mal était porté à un degré tel qu'on ne pouvait plus espérer de remède : cependant la Convention envoya au Cap deux commissaires avec des pouvoirs illimités : le général Galbaud, qui commandait alors les forces militaires à Saint-Domingue, s'offensa de l'arrivée de ces magistrats qui exigeaiens de lui une aveugle soumission : la mésintelligence entre les chefs fit naître enfin une guerre civile, dont il n'est pas de notre sujet de retracer ici les événemens.

CHAPITRE III.

CAMPAGNE D'ALLEMAGNE.

Prise de Porentrui. — Invasion en Savoie et prise de Chambéry. — Conquête du comté de Nice. — Prise de Spire. — Prise de Mayence, de Francfort-sur-le-Mein. — Combat de Limbourg. — Evacuation de Francfort. — Combats de Pellingen, de Waren et de Hamm. — Combat de Hockheim. — Siége de Cagliari en Sardaigne. — Reddition de Kœnigstein. — Affaires de Stromberg, de Bingen, d'Ober-Felsheim et d'Arlon. — Reddition de Mayence. — Opérations des troupes françaises en Hollande.

LES hostilités commencèrent en Allemagne le 28 avril 1792 ; et, comme il etait arrivé dans presque toute l'étendue de nos frontières, la méfiance de nos soldats fit le succès de nos ennemis : plusieurs régimens, ébranlés par les agitateurs qui se jetaient dans nos camps avec de l'or et des nouvelles trompeuses, prirent parti pour les coalisés : parmi ceux qui émigrèrent on cita le Royal-Allemand et les hussards de Saxe. Si dans ce moment les chefs de la coalition n'eussent été divises d'intérêts, c'en était fait de la république ; mais les querelles des rois sont difficiles à concilier : il résulta, du peu d'union qui régnait chez nos ennemis, que leurs opérations furent lentes, mal combinées ; et les succès que nous obtînmes sur le Rhin, en rassurant l'esprit du soldat, rendirent à nos armes et leur éclat et leur puissance.

Le premier fait militaire qui signala notre entrée en Allemagne fut la prise de Porentrui : l'évêque de Bale, qui était de cette place, la rendit sans combattre : quatre cents Autrichiens qui la gardaient l'évacuèrent, et Custine, envoyé du camp de la Basse-Alsace par Luckner, en prit possession sans avoir tiré l'épée. Deux mille hommes commandés par le général Ferrière, trois bataillons d'infanterie, une compagnie d'artilleurs, et 300 dragons suffirent à l'occupation : des retranchemens furent élevés sur la montagne de Laumont ; les défilés de Fribourg, Bale, Bienne et Soleure furent gardés.

Après la prise de Porentrui, les opérations en Allemagne furent momentanément suspendues, les armées restèrent en présence, et n'exécutèrent que des manœuvres jusqu'au 30 septembre, où nous remportâmes à Spire de nouveaux lauriers : pendant tout ce temps le comté de Nice fut pris et la Savoie envahie.

Le roi de Sardaigne, après avoir long-temps tergiversé, venait enfin de se déclarer contre la France : le général Montesquiou fut chargé de surveiller les mouvemens de ses troupes dans le midi : cet officier, qui brûlait du désir de se distinguer, obtint, non sans difficulté, la permission de tenter la conquête de la Savoie. Le 11 septembre, il ordonna au général Anselme de quitter le département du Var et de combiner sa marche avec celle de la flotte qui allait partir du port de Toulon sous le commandement de l'amiral Truguet. Le 16, il porte lui-même son camp sur le fort Barreaux : l'ennemi se fortifiait; des redoutes étaient presque achevées au château des Marches, à Notre-Dame-de-Mians; le général français prend l'initiative; aussitôt qu'il apprend que les Piémontais font marcher du canon pour garnir leurs plateaux, il envoie le maréchal-de-camp Laroque tourner les positions. Une colonne de grenadiers et de chasseurs exécutent l'ordre, et les Piémontais abandonnent leurs ouvrages sans tirer un coup de canon : une partie se réfugie à Montmélian, l'autre à Annecy. On les poursuit avec tant de promptitude, que de tous côtés ils tombent sous les coups de notre cavalerie ou se rendent prisonniers. Toute la Savoie prend aussitôt parti pour la cause républicaine; les Français sont reçus comme des frères, des libérateurs : Chambéry fait offrir ses clefs au général Montesquiou. Le 24 nous entrons dans cette ville, maîtres de toute la Savoie qui, réunie à la France sous le nom du département du Mont-Blanc, y reste attachée jusqu'au traité de 1814.

De son côté, le général Anselme remplissait, avec une exactitude courageuse, les ordres qui lui avaient été donnés : après avoir fait venir de Toulon le matériel de guerre qui lui était indispensable pour réussir dans son entreprise, il se met en marche à la tête de sept mille hommes, troupes peu aguerries, formées de volontaires et de gardes nationaux. L'ennemi avait douze mille combattans à lui opposer, tous bien disciplinés et fournis de munitions de toute espèce : il garnissait de deux cents pièces d'artillerie la rive gauche du Var, Nice et Montalban : de si faibles ressources n'empêchent pas le général français de poursuivre l'exécution de ses projets : il marche sur Nice au moment où l'amiral Truguet arrive à demi-portée de canon de cette ville, et menace de la bombarder. Troublé par ces deux attaques, et ne sachant plus comment résister en même temps aux troupes de mer et à celles de terre qui, par les manœuvres du général Anselme, lui semblent très-nombreuses, le gouverneur rend la ville de Nice, licencie les milices du pays, et se retire avec ses troupes réglées sur Sospello. Les émigrés français qui sont dans la place veulent la défendre; ils s'emparent du passage du Var, mais l'esprit des habitans leur est contraire ; ils réfléchissent quelque temps et se retirent avec le général ennemi renonçant à une résistance inutile. Le fort de Montalban est bientôt surmonté de l'étendard tricolore, qui, flottant sur les tours, annonce qu'il est rendu.

Un arsenal bien fourni, une frégate et une corvette armées sur le pied de guerre, cinq mille fusils, un million de cartouches et cent pièces d'artillerie, voilà quels furent les trophées de cette journée.

Le fort de Villefranche s'était alors rendu,

et 400 hommes qui formaient sa garnison s'étaient remis à la discrétion du général Anselme qui, n'ayant à sa suite que quinze dragons, avait porté l'audace jusqu'à les menacer d'un siége. Le comté de Nice, réuni au sol français, porta le nom de département des Alpes maritimes.

Des événemens non moins remarquables se passaient en Allemagne : Spire n'était défendue que par quatre mille hommes, et le général Biron, d'après les ordres de Custine, marchait sur cette place pour s'emparer de ses riches magasins. On portait à plusieurs millions la valeur des munitions de toute espèce qu'ils renfermaient. Dix-huit mille hommes divisés en trois colonnes se mettent en route, le 29 septembre, pour attaquer la garnison de Spire. Le général en chef est lui-même à la tête de celle qui se dirige par Guermersheim. Les Français sont arrivés sous les murailles de la place, dont Winckelmann qui commande la garnison n'a point fait évacuer les magasins. Celui-ci tente alors une sortie pour assurer sa retraite, mais des bataillons débordent ses lignes, une artillerie formidable les renverse; il est contraint à s'enfermer dans la ville : il est encore poursuivi par les généraux français Custine et

Neuwinger qui jettent les portes en dedans. En vain les Autrichiens se retranchent-ils dans les maisons, rien ne peut les soustraire à la force de nos armes. Ils sont conduits l'épée dans les reins jusqu'au fleuve : 400 périssent en voulant le passer à la nage ; plus de deux mille mettent bas les armes et se rendent à la discrétion de leurs vainqueurs. Nous trouvons dans Spire des canons, des magasins immenses et des drapeaux.

Worms se rend bientôt après, et Custine, maître de ces deux villes, marche sur Mayence.

Dès le 14 octobre, il dirige sur les flancs de son armée des corps d'observation qui doivent l'avertir des rencontres ennemies qu'il aurait à craindre. Quelques-unes de ces reconnaissances dépassent Franckenthal - Edersheim, d'autres avancent jusqu'à Kayserlautern. Le 19, Custine arrive sous Mayence : des corps se dispersent sur la rive gauche ; Genenheim, Marienborn, Monbach, Hechesheim sont occupés, et la place investie. Un grand nombre de ses habitans, qui partagent l'opinion du jour, se félicitent de l'arrivée des Français sous leurs murs, et assiègent le gouverneur autour duquel ils font entendre sans cesse des cris de vengeance et de liberté. Ces clameurs réussissent au-delà même de leurs vœux. Le gouverneur, baron de Gimnich, effrayé d'un côté par les Mayençais qui jurent de se venger sur lui des misères du siége, de l'autre par le général français qui déclare qu'il va tenter l'escalade, et mettre tout à feu et à sang, se rend à la seconde sommation, et sort avec ses troupes le 21 du même mois, après deux jours d'investissement. Un des articles de la capitulation porte que la garnison sortira de Mayence, et restera une année sans porter les armes contre la France.

Un succès aussi facile porta Custine à entreprendre une autre conquête : il voulut enlever la ville de Francfort : le général Newinger partit de Mayence le 21 octobre 1792, passa le Rhin sur un pont volant, et se présenta sur la rive droite du Mein. Le général Houchard, établi sous Francfort, devant la porte de Bockeneim, y était arrivé avant lui : les autorités, sommées de rendre la ville au moment où nos deux colonnes opéraient leur jonction, chancelèrent quelque temps entre leur devoir et la crainte : des canons furent aussitôt braqués par les artilleurs du corps d'Houchard : la crainte l'emporta. Nous entrâmes dans Francfort au son d'une musique guerrière : un impôt de deux millions fut prélevé sur la noblesse et le clergé, et le peuple, flatté d'une mesure qui le délivrait des exactions, fraternisa avec nos soldats.

Custine, par des victoires nombreuses et rapides, faisait concevoir les craintes les plus fondées aux chefs de la coalition : ils résolurent d'arrêter ce torrent dans son cours. L'armée prussienne s'échappa de France, et accourut au secours du Palatinat. Coblentz et Limbourg furent remplis par de nombreux détachemens. Houchard se présenta devant la seconde de ces places, la plus importante d'ailleurs que l'ennemi possédât sur la Lahn. Les Prussiens sortiren des retranchemens, mais le feu de nos batteries les força de rentrer dans la ville, et bientôt après d'en sortir : ils se retirèrent à Montaubur ; Houchard entra dans Limbourg.

Le duc de Brunswick jura de venger son avant-garde, horriblement abîmée à Limbourg : il attendit que le reste de son armée eût rejoint ; et, accompagné du roi de Prusse, il marcha sur Francfort qu'il somma de se rendre au moment même où il en approchait. Van-Heldem, qui commandait la garnison, ne calcula pas que les forces de l'ennemi étaient considérables; que les glacis de la ville étaient transformés en terrasses de jardinage; que les portes étaient couvertes de ravelins usés; qu'il n'avait que quelques canons : il répondit qu'il ne savait point rendre les villes sans combattre. Le général Houchard était établi près de Francfort; ses postes sont attaqués, et bientôt il est forcé de se replier sur Hœchs, où se trouve son quartier-général, et d'y prendre position. Les assaillans se dirigent sur la place; ils sont victimes de leur imprudence. Van-Heldem les foudroie de son artillerie : cependant ils avancent toujours; et, soutenus des habitans, ils entrent dans la ville, dont les ponts se trouvent brisés à leur approche. Là, un combat plus meurtrier, parce qu'il a lieu corps à corps, ne tarde pas de s'engager. Les Prussiens, après avoir perdu beaucoup de monde, restent maîtres de Francfort. La garnison française sort par la porte neuve pour rejoindre sur Hœchs la division du général Houchard. L'ennemi le poursuit, mais il rencontre neuf mille hommes qui venaient à la défense de Francfort à marches forcées, et sous les ordres de Neuwinger : cette division en impose aux Prussiens, et le combat finit. Les deux armées s'occupent une partie de la nuit à prendre d'autres positions.

Un soldat français, après avoir combattu avec une grande bravoure sur un des ponts de Francfort, fut amené devant le roi de Prusse, qui avait ordonné de le prendre, et de respecter ses jours. Il parut couvert de nombreuses blessures que ses assaillans avaient payé de leur mort. « J'admire, lui dit le roi, ton héroïque courage; mais pourquoi défendre une si mauvaise cause ? » Le soldat républicain, répondit avec une brusque franchise, « Citoyen Guillaume, nous ne serions pas d'accord sur ce chapitre; parlons d'autre chose. » Où trouver plus de fermeté que dans ces paroles ?

Toutes les forces de l'armée française se rassemblaient sur les bords du Rhin. Le général Beurnonville, nommé en remplacement de Kellermann à l'armée de la Moselle, reçut aussi l'ordre de se rapprocher du corps du général Custine pour appuyer ses opérations, tandis qu'il le lierait ainsi à la droite de Dumouriez. Par suite de ces mesures, le 4 décembre, l'armée de la Moselle était réunie entre Holksberg et Wabweiller.

Les Autrichiens étaient alors retranchés sur la montagne verte, à l'abri de plusieurs redoutes placées par étage, et par cette disposition, bien plus formidable. Le 5 décembre, à onze heures, l'avant-garde, soutenue par notre première ligne, se porte sur cette position. Les généraux Labarolière et Delaage commandent l'attaque : d'abord nous avons l'avantage, les batteries ennemies s'éteignent sous le feu des nôtres. Nos soldats chantent les refrains patriotiques en escaladant les retranchemens; nous allons arriver au plateau, quand des renforts arrivent à l'ennemi du camp de Luxembourg. Beurnonville n'attend pas qu'ils approchent : il fait rentrer ses troupes dans leur position de la veille. Sarrebourg, pris par une colonne au commencement de l'action, est aussi abandonné. Le 13, Pellingen est enlevé par le général Pully, et le succès est dû en partie à un vieillard septuagénaire, nommé Poincarré : ce brave commandant, du 4.e bataillon des volontaires de la Meurthe, arrêta, avec trois cents hommes, près de deux mille Autrichiens.

Le 14 et le 15, le général Beurnonville dispose son monde sur trois colonnes : l'une, sous les ordres du général Delaage, doit prendre par Bibelshausen ; l'autre, sous les généraux Pully et Landremont, doit se poster avec l'artillerie sur la hauteur en face de Waren ; la troisième enfin doit surveiller l'ennemi, et rester en observation. Ces dispositions prises, l'ennemi est attaqué sur les hauteurs de Waren, d'où s'élevaient du milieu de la neige des batteries fortement retranchées : il plie devant les grenadiers français, et leur abandonne ses canons.

Pendant ce temps, la deuxième colonne chasse de la montagne de Namur la cavalerie ennemie, et douze cents Français mettent en fuite cinq mille Autrichiens, qui leur laissent leur artillerie et leurs munitions.

Ces deux scènes ayant couronné notre campagne en Allemagne, l'armée de la Moselle, couverte par le général la Barolière, s'établit en quartiers d'hiver sur les rives de la Sarre.

L'armée de la Moselle avait donc terminé ses opérations : celles qui venaient de soumettre la Savoie et le comté de Nice étaient rentrées presque au même moment dans leur quartier d'hiver : Custine seul combattait encore. En quittant Francfort, il s'était jeté dans Mayence, et craignait à chaque instant de voir le duc de Brunswick assiéger cette place :

l'avant-garde prussienne était déjà dans Hockeim. Malgré les causes qu'il avait d'user de circonspection, Custine voulut donner le spectacle d'une opération militaire à des généraux conventionnels qui venaient d'entrer à Mayence. Il fait attaquer Hockeim et Costheim; mais l'ennemi était sur ses gardes, et nous perdons dans cette entreprise, conseillée par la flatterie, douze canons et un grand nombre d'hommes. Le général Houchard se retire après cette malheureuse affaire jusqu'à Cassel, où il prend position. Ce revers nous frappe le 6 janvier 1793. Le 21 du même mois, une perte plus cruelle encore, ajoute à nos regrets. L'amiral Truguet vient sommer Cagliari de se rendre, et l'artillerie des Sardes le force de retourner à Toulon, après avoir perdu plusieurs vaisseaux qui sont incendiés par le feu du rivage. Le 3 février, il reparaît devant Cagliari avec sept mille hommes de plus sur la flotte : la descente s'opère après plusieurs essais infructueux; mais le feu des ennemis est terrible, une tempête affreuse dans le moment agite la flotte, un vaisseau de quatre-vingts canons sombre sous voiles, deux frégates sont obligées de couper leurs mâts, les bateaux de transport vont échouer sur la côte, et, après des pertes considérables, l'amiral retourne encore une fois à Toulon sans avoir accompli ses projets.

Les Prussiens, que nous avons vus à la poursuite de Custine, se présentèrent sur Kœnigstein, où commandait le capitaine Meunier : un parlementaire vint sommer la place de se rendre ; le brave Meunier se tourna vers les quatre cents hommes qui composaient toute sa garnison. « Camarades, leur dit-il, si vous imitez mon exemple, nous défendrons Kœnigstein, tant qu'un seul de nous restera en vie ; mais, si je vous trouve faibles, c'en est fait de ma vie : répondez-moi. » Il avait placé ses deux pistolets sur sa poitrine....... *vaincre* ou *mourir*, s'écrie d'une voix unanime toute la garnison : Meunier dit au parlementaire : *Allez reporter à votre maître ce que vous venez de voir et d'entendre : voilà ma réponse*. Kœnigstein fut assiégé, mais longtemps en vain, le capitaine et sa garnison repoussèrent les attaques avec une valeur sans égale ; et ce ne fut que le 9 mars, quand ils perdirent tout espoir de secours, qu'il capitulèrent.

Le général Meunier fut ensuite envoyé à

Spire avec douze mille hommes, pour attaquer la tête du pont de Manheim.

Le 20, les généraux Houchard et Neuwinger s'avancèrent vers Stromberg : les Prussiens, sous les ordres du colonel Zeluky, y tenaient une position très-forte ; ils en furent chassés à la baïonnette, la reprirent, mais la perdirent de nouveau, et manœuvrèrent en pleine retraite : Custine arrêta nos troupes qui voulaient poursuivre l'ennemi, et se retira aussi de son côté, pour éviter un corps de Prussiens qu'on lui dit venir de Trèves au secours de Zeluky. La hauteur de Bingen était encore, malgré ce mouvement, occupée par un bataillon de la droite de Custine. Le 28 mars, au matin, l'ennemi l'attaqua avec des forces supérieures. Il gravit la montagne sous une artillerie dont le feu fut vivement soutenu, et parvint à enlever le plateau. Après s'être rendu maître de cette position importante, il se jeta sur le corps de Neuwinger, qui, porté sur le flanc de la montagne, avait déployé sa gauche sur une ligne trop étendue. L'infanterie, qui n'avait point assez de profondeur, ne résista que faiblement : Neuwinger fut fait prisonnier, et son corps fut mis en fuite. Custine, se trouvant ainsi à découvert, commanda la retraite, et fut soutenu par le chef d'escadron Clarck, et les cavaliers français qui soutinrent le choc des troupes ennemies avec une rare bravoure. Il parvint à prendre position à Worms : son avant-garde, sous les ordres du général Houchard poussa jusqu'à Ober-Felsheim. Les Prussiens l'attaquèrent le lendemain : la cavalerie ennemie tourna la position; notre artillerie légère la fit reculer. Les Prussiens deployèrent alors trente pièces de canon : le combat devint plus meurtrier, et la victoire resta indécise. L'ennemi quitta le champ de bataille, et les Français se retirèrent sur Franckenthal.

Les affaires en étaient là quand le général Custine quitta le commandement de l'armée du Rhin, et alla prendre celui de l'armée du Nord, où il était appelé : le général Alexandre Beauharnais, père du prince Eugène, le remplaça ; et le général Delaage fut mis à la tête de l'armée de la Moselle. Le 9 juin 1793, ce dernier essaya un plan d'attaque sur Arlon : dix mille hommes de son armée, deux mille autres venus des Ardennes, sous les ordres du général Beauregard, furent destinés à ces projets. Huit mille Autrichiens étaient retranchés à Arlon, et soutenus par trente pièces d'artillerie. La position était formidable.

Les généraux Desperières, Beauregard, Laubadère et Tolozan, chacun à la tête d'une colonne, s'avancent sous le feu des batteries ennemies. Desperières aborde le premier, les autres colonnes suivent la sienne, toutes sont accablées sous le feu continuel d'une artillerie meurtrière. La cavalerie ennemie descend dans la plaine, et tombe sur notre droite qui déjà chancelle, mais notre artillerie arrive, la soutient, et sur ce point, rétablit le combat. Le général Beauregard était déjà maître de la ville et des hauteurs d'Arlon. Un carré de quinze cents Autrichiens est entamé par l'artillerie et mis en déroute par quatre cents carabiniers. Les généraux qui enlevèrent Arlon ne remplirent qu'à moitié le but qu'ils s'étaient proposé. Ils voulaient se rendre maîtres des magasins que l'ennemi y avait amassés, et faire en même temps une diversion utile, qui sauvât Mayence d'un siége pénible à soutenir. Ils s'emparèrent des approvisionnemens d'Arlon, mais le siége de Mayence ne fut pas levé.

Le 6 avril, Mayence fut investi par le feld-maréchal prussien Kalkreuth. Le général Doyré commandait la place pour les Français: Aubert-Dubayet dirigeait la défense. Cassel était occupé par le brave Meunier, qui se disposait à une résistance vigoureuse. Deux généraux conventionnels, Merlin et Rewbel, surveillaient les travaux et soutenaient par leur présence la bravoure de la garnison.

Tous les villages voisins de Mayence furent pris par les Prussiens, repris par les Français, et dans ces combats restèrent remplis de morts et de blessés. Le brave Meunier se défendit dans Cassel avec huit cents hommes contre une armée de 50,000 hommes qui l'assiégeait avec plusieurs batteries : mais un jour il fut reconnu dans une sortie, et plusieurs pièces étant dirigées contre lui, un éclat lui blessa la jambe. On jugea l'amputation nécessaire, on l'opéra, mais il survint une inflammation qui se termina par la gangrène. Le plus brave des officiers de son temps, Meunier fut enlevé le 13 juin à la nation qu'il défendait avec tant d'énergie et d'héroïsme. Sa mort causa un deuil général.

Le roi de Prusse, irrité d'une sortie où les assiégés avaient pénétré jusque dans son camp, fit presser le siége avec vigueur : la ville fut couverte en un instant de bombes, d'obus, de boulets rouges. La misère fut bientôt à son comble. Le blocus achevé, la famine se fit sentir aux habitans. Un chat se vendit six francs, une livre de chair de cheval deux francs, et la propriété de ces vils alimens était souvent la cause des querelles les plus furieuses, des événemens les plus tragiques. Deux mille malheureux, hommes, femmes, vieillards et enfans sortis de la ville, restèrent exposés au feu de l'ennemi, et périrent sous ses batteries, préférant cette mort au trépas plus cruel encore dont la faim les menaçait.

Réduite à ces extrémités, Mayence apprit que Condé, Valenciennes étaient tombées au pouvoir de l'ennemi : elle entra en pourparlers, et les généraux qui commandaient dans ses murs en ouvrirent les portes au roi de Prusse, dans l'espoir de le détacher de la coalition : ils espéraient amener ce prince à reconnaître ouvertement le gouvernement républicain, comme il l'avait fait dans des actes secrets signés pendant le siége. Merlin retourna dans le sein de la convention défendre sa conduite et celle des Français qui avaient rendu Mayence. Il prouva l'impossibilité où l'on était d'opposer une résistance plus longue : on refusa de le croire ; il perdit de son crédit ; la garnison fut insultée à son retour en France par les sans-culottes ; Doyré fut arrêté à Sarre-Louis avec son état-major ; Dubayet fut conduit à Paris par des gendarmes, et le malheureux Custine paya de sa tête un mauvais succès qui, aux yeux de la raison, n'a rien prouvé contre sa fidélité, ni contre son courage.

Le 17 février de cette même année, des troupes furent rassemblées devant Anvers pour agir en Hollande. Dumouriez divisa seize mille hommes qui s'y trouvèrent réunis en quatre corps, sous les généraux Berneçon, Darçon, et les colonels Leclerc et Tilly.

Les premiers cantonnemens que prirent les troupes sur le territoire hollandais, s'étendaient depuis Berg-op-Zoom jusqu'à Bréda. Le général Berneçon poussa en avant sur Klundërt et Willemstadt. Une division pendant ce temps attaquait Bréda; une autre bloquait Berg-op-Zoom et Steenbergen. Dumouriez, avec quelques chevaux et plusieurs bataillons, se tenait en réserve pour se porter où la nécessité l'exigerait.

Bréda se rendit après quelques jours de bombardement, et cette reddition laissa entre nos mains des munitions et quatre-vingts pièces de canon. Le fort Klundërt résista plus longtemps. Le commandant, pressé par l'incendie, fit une sortie, et périt les armes à la main.

Trois mille hommes pris dans ces deux places furent renvoyés sur parole.

Dumouriez, maître de Bréda et de Klundërt, porta ses vues sur Gertruydenberg : cette place, quoique très-fortifiée et défendue par une nombreuse garnison, ne lui parut pas inexpugnable. Le général d'Arçon, chargé de l'investissement de cette ville, s'empara du fort de Steellinve, puis du fort de Douk. Des batteries furent établies sur ces deux forts, qui bombardèrent la ville, et forcèrent la garnison à capituler aux mêmes conditions que Klundërt et Bréda.

Le général Dumouriez avait trouvé dans Gertruydenberg de quoi effectuer son passage du Moërdyk ; des bâtimens étaient déjà équipés quand le conseil exécutif appela le général français à l'armée de la Belgique. Il se rendit à cet ordre le 10 mars 1793 : Le passage du Moërdyk ne fut pas exécuté.

Le 8 avril, la place de Gertruydenberg fut attaquée par des troupes autrichiennes victorieuses à Neerwinden : Notre garnison sortit de la place avec les honneurs de la guerre, et rentra dans le centre de la France.

CHAPITRE IV.

SUITE DE LA CAMPAGNE DE FRANCE.

Résumé des opérations exécutées depuis l'entrée en campagne. — Reddition de Bellegarde. — Affaires d'Ispegui et d'Ost Capelle. — Reddition de Condé. — Combat de Thuir. — Siége et bombardement de Valenciennes. — Reddition de Villefranche. — Siége de Cambrai. — Combat de Linselle. — Entrée des Anglais dans Toulon.

Si les rois engagés dans cette première coalition contre la France durent s'applaudir des liens qu'ils venaient de former, de la guerre qu'ils venaient d'entreprendre, ce fut sans doute lorsqu'ils apprirent les succès qu'obtenaient leurs premiers efforts en Allemagne, en Espagne et en Belgique. Les opérations qui s'exécutèrent sur le territoire de France ne produisaient pas un pareil effet. Soit que les troupes qui se battirent au-dedans de nos frontières sentissent plus que les autres la nécessité de vaincre, soit que leurs généraux leur fussent mieux connus, et leur inspirassent plus de confiance, soit enfin qu'elles se trouvassent plus capables d'efforts généreux sur le sol de la patrie, elles se montrèrent plus fermes dans leur esprit, plus généreuses dans leur dévouement : leur premier pas fut une victoire : à peine entrées en campagne, elles jonchèrent de cadavres autrichiens le champ de bataille de Fontoy, et chassèrent d'Orchies un ennemi qui n'y était entré qu'avec des forces considérables. Il est vrai que Longwy et Verdun furent arrachées à leur courage, mais ces revers à qui devons-nous les attribuer ? Ce n'est point à leur faiblesse. Ce n'est point non plus à l'habileté, à la force de l'ennemi, mais à l'inexpérience des habitans, à l'erreur de ces Français, qui pensaient que l'ennemi n'avait d'autre intérêt à faire valoir que celui du parti qu'ils avaient embrassé, comme si un peuple ne devait pas toujours se réunir devant des baïonnettes étrangères, écarter par une heureuse harmonie le danger commun, et apaiser à lui seul ses troubles civils. Par quels faits glorieux ne fut point lavée la tache que la reddition de ces deux places avait pu imprimer à nos armes?

La journée de Valmy arriva, et la France apprit tout ce qu'elle pouvait attendre de ses défenseurs ; elle ne craignit plus l'envahissement de ses frontières ; elle venait d'apprécier ses ressources ; des généraux dignes des temps anciens lui étaient annoncés par d'éclatans exploits. La défense de Lille, le dévouement, l'étonnante énergie de ses habitans soutinrent la joie publique au degré où elle s'était élevée : un siége aussi désastreux, supporté avec une constance aussi héroïque, doubla les forces de l'armée française, et brisa dans leurs mains les armes des coalisés. Les Espagnols, dirigés par un chef intrépide, remportèrent, il est vrai, quelques avantages ; mais les succès dont se glorifia le général Servan coûta cher à ses troupes, et le sang de la Castille coula souvent plus abondant que le sang français dans des combats où les Espagnols restèrent vainqueurs ; enfin une seule phrase dira plus que tout le reste en faveur de l'armée de France, et cette phrase achevera le tableau des opérations militaires depuis l'entrée en campagne : La place de Mayence, enlevée à l'ennemi, ne se rendit à 80 mille hommes qu'après un siége de plusieurs mois.

Dans les événemens qui ont suivi et qui vont fournir la matière de ce chapitre, nous verrons autant d'héroïsme, nous trouverons peut-être des exemples d'un dévouement encore plus patriotique : nous admirerons le généreux trépas d'un autre d'Assas ; mais les succès seront plus partagés, et peut-être en août 1793 serons-nous moins forts que nous l'étions à la fin du mois de juin de la même année. Mais les villes qui se seront rendues devront plus tard recevoir nos guerriers vainqueurs ; le lecteur le soupçonnera aisément en voyant nos troupes toujours remplies de l'amour de la patrie, de l'amour de la liberté. Il espérera de nouveaux triomphes, et sera consolé.

Après un combat qui eut lieu le 22 juin, et dans lequel un volontaire français, blessé d'un éclat d'obus, avait dit à ses compagnons d'armes qui le portaient : « Amis ! nous sommes vainqueurs ; » ma blessure ne me fait plus de mal ; nous fûmes attaqués dans notre garnison de Bellegarde, par le général espagnol don Ricardos. Bellegarde, placée au-dessus du seul chemin qui établissant à l'est une communication entre l'Epagne et la France, devenait dans les circonstances une place des plus importantes. L'ennemi avait un grand intérêt à s'en rendre maître ; nous n'étions pas moins intéressés à la garder. Ricardos la menace, le 24, d'un bombardement. Une batterie de canons est élevée au col de Porteil, une autre de mortiers en avant de la Jonquières. Il sait que la place est peu riche en munitions ; elle n'a que 900 hommes ; il envoie un parlementaire proposer au commandant de se rendre. L'officier français, s'appuyant sur le courage de sa garnison, répond qu'il ne signera de traité qu'au centre de la place démantelée, avec un ennemi qui aura passé par la brèche. Le bombardement commence : quelques bombes sont envoyées ; les ennemis doivent les porter au nombre considérable de 80,000 pendant quarante jours de siége, sans compter encore 23,075 boulets, et 3,200 grenades qu'ils doivent aussi lancer. Cependant le général ne se rend point ; il reçoit d'un camp voisin de quoi ravitailler la place ; et quand cette ressource lui est enlevée, il attend encore des vivres qu'un convoi lui amène par le Conflant. Le convoi est arrêté et pillé. Bellegarde, pressée par la famine, est serrée de plus près.

Les camps de Boulon, de Collioure, et de

port Vendre étaient déjà au pouvoir de l'ennemi ; le fort des Bains s'était rendu, et le fort de la Garde avait aussi été obligé de se soumettre deux jours après. Enfin la tranchée est ouverte : un feu continuel écrase les bâtimens : les parapets enlevés tombent dans les fossés ; les poternes, les grilles, les pont-levis sont rompus, les mitrailles ouvrent partout de larges brèches. . . . . . Alors le gouverneur, voyant l'ennemi se précipiter dans la place, et n'espérant plus aucun salut dans le dénuement où il se trouve, demande à capituler, et sort avec les honneurs de la guerre. Le général Ricardos entre dans la place, et met à l'ordre du jour la proclamation suivante :

SOLDATS !

« Vous devez respecter le malheur. Ce principe que dicte l'humanité est le propre de la générosité de la nation espagnole. Le général ne peut présumer qu'aucun des braves qu'il commande se permette d'insulter du geste, des paroles ou d'une autre manière, les soldats français, soit à leur sortie du fort, soit dans leur marche, vers le lieu qui leur sera désigné. Mais si, contre toute espérance, il se trouvait des gens, quels qu'ils soient, qui oubliassent assez la vicissitude des chances de la guerre pour insulter au courage malheureux, ils seraient immédiatement arrêtés et passés aux verges par six tours.

« Le général peut encore moins présumer que, parmi les officiers, il s'en trouve qui manquent aux égards dictés par l'éducation et la générosité : mais dans le cas contraire, le général prévient que tout délinquant sera puni, quel que soit son rang, d'après les insultes dont il se sera rendu coupable. »

Quelle magnanime générosité ! Que cette modération rehausse encore l'éclat d'un triomphe ! Faut-il qu'un si bel exemple soit relaté comme une chose extraordinaire !

Le premier juillet, un nouveau combat est encore livré aux Espagnols près d'Ispegui. Delbecq venait de remplacer Lewan, précipité du commandement, et victime de cet esprit inquiet qui frappait au basard dans un temps de trouble et de confusion. Il crut devoir signaler son arrivée à l'armée par un fait d'armes, et le général Dubouquet se rendit d'après ses ordres au mont d'Ispegui, où les Espagnols étaient retranchés au nombre de six cents. Le succès couronna l'attaque, 4 obusiers, plusieurs canons furent pris, et les retranchemens des Espagnols renversés. Le lendemain le 2.e bataillon des Basses-Pyrénées se dirigea sur Baigorry, et les Espagnols furent aussi chassés avec perte de cette position qu'ils occupaient.

Ce fut à cette époque que deux attaques successives, et dirigées sur Ost-Capelle, où les Français avaient un poste retranché, donnèrent aux citoyens Habert et Morel l'occasion de développer le courage d'une âme énergique. Le 8 juillet, deux mille Autrichiens, conduits sur Ost-Capelle par un déserteur français, entrent dans les retranchemens, attaquent nos soldats à l'improviste, et remplissent le village d'un carnage épouvantable : la guerre offre rarement de pareilles fureurs. Le capitaine Habert ne se laisse point effrayer par la furieuse impétuosité des assaillans, il ne voit qu'une mort glorieuse : résolu de vendre chèrement sa vie, il rallie ses volontaires, tue trois de ses adversaires de sa propre main : cependant il est enveloppé ; il va périr, en criant *Vive la république ;* mais ses soldats aperçoivent son danger, volent à son secours, et les Autrichiens sont repoussés sur tous les points.

Dans le même mois, l'ennemi renouvelle son attaque : un brouillard épais empêche de voir la route qu'il suit. Un caporal, nommé

Morel, est envoyé à la découverte, et tombe dans un groupe d'Autrichiens : on le menace d'une prompte mort s'il laisse échapper le moindre cri d'alarme..... Capitaine ! s'écrie-t-il, feu ! feu sur l'ennemi! et il périt comme d'Assas !

Depuis trois mois la ville de Condé soutenait le blocus, et sa garnison, composée des débris de l'armée de Dumouriez, avait tenté plusieurs sorties, que l'ennemi, en nombre beaucoup supérieur, avait su rendre inutiles. Enfin, le 6 juillet, le général Chamel commandant de la place, voyant que les vivres manquaient, assèmble le conseil de défense : on voit que la famine est encore éloignée de six jours ; on refuse les propositions de l'ennemi. Le 12, on est enfin obligé de capituler, et la garnison sort de Condé avec tous les honneurs de la guerre.

Le 13 du même mois, le camp de l'Union est attaqué par les Espagnols, mais une résistance vigoureuse leur enlève jusqu'à l'espoir de réussir jamais à y pénétrer : ils se reportent sur Odello, Via Eguet ; et, successivement chassés de tous ces points, ils ne reprennent leur revanche qu'au Mas de Serre, qu'ils attaquent le 16, et dont ils chassent à leur tour les Français. Enfin ils se jettent sur nos avant-postes qui, trop faibles pour soutenir un choc aussi violent, se replient sur le camp des républicains. Alors les Espagnols dirigent contre le camp les batteries qu'ils ont déjà élevées sur les hauteurs de Thuir et du Mas de Serre. Les boulets, les bombes, les obus pleuvent sur le camp. Pendant ce temps, le général Deflers fait reconnaître ces batteries ennemies dont les munitions sont si inutilement dispersées ; il partage sa troupe en deux colonnes, fait marcher l'une d'elles sur la droite, l'autre sur la gauche, et ces colonnes débouchent au moment où quelques bataillons d'infanterie tentaient de franchir les retranchemens du Mas de Serre. Le combat devient alors meurtrier : l'adjudant-général Poinsot, à la tête d'un renfort de grosse artillerie, répond aux batteries ennemies, et le feu est nourri des deux côtés sans interruption ; des colonnes ennemies viennent au secours de celles qui sont engagées ; les Français vont plier, mais ils sont aussitôt soutenus par mille hommes que leur amène le général Barbantane. Le combat se rétablit, la victoire n'est plus indécise, et les Espagnols, écrasés par le feu de nos pièces, poursuivis la baïonnette au corps par les grenadiers du régiment de Champagne, s'abandonnent au plus affreux désordre, et nous laissent maîtres et du champ de bataille et de leur position.

Le général Deflers cita avec honneur, et comme ayant puissamment concouru au succès de cette journée, le lieutenant-colonel Grésieux, l'adjudant-général Poinsot, le colonel Lamartillière qui fit jouer les pièces pendant toute l'affaire avec une incroyable habileté, et le colonel Pérignon qui, voyant ses chasseurs en déroute, et désespérant de les rallier, se plaça dans la ligne des grenadiers, et chargea comme un simple soldat le fusil à la main.

Quand les troupes ennemies s'étaient réunies autour de Condé, quelques reconnaissances avaient été poussées assez loin; un avant-poste, placé à Saint-Sauve, se trouvait à portée du canon de Valenciennes. Cette place fut déclarée en état de siége dans un conseil où se trouvèrent réunis une grande partie de ses magistrats, plusieurs généraux et cinq commissaires de la Convention, dont deux restèrent tout le temps du siége. Le général Ferrand, vieillard de 72 ans, qui possédait une âme douée de tout le feu, de toute l'énergie de la jeunesse, fut chargé de la défense de Valenciennes : dix mille hommes de garnison devaient le soutenir dans ses nobles efforts.

L'Escaut fut arrêté dans son cours; une retenue considérable d'eau fut réservée à la grande inondation : toutes les écluses furent mises en état : on travailla aux mines, aux palissades, aux blindages..... L'ennemi faisait de son côté de grands préparatifs : il élevait des batteries sur plusieurs ponts : le 24, il somme le village de Marly, situé près des glacis, de se rendre à discrétion. Le général Beauregard refuse de capituler; mais, après cinq heures d'un combat opiniâtre, il sort du village, et rentre dans la ville avec ses canons.

Le grand parc de l'ennemi inquiéta bientôt les habitans, pour la plupart mal disposés pour la cause républicaine; on y faisait les préparatifs d'un bombardement, les craintes redoublaient tous les jours, tous les jours les esprits s'exaspéraient. Le général ennemi, chargé des travaux du siége, venait de pratiquer une tranchée qui s'ouvrait depuis Saint-Sauve jusqu'au côté de la place, à droite du Bas-Escaut, et il en faisait ouvrir une seconde qui, partant du pied de la hauteur du Rouleur, devait aller gagner l'ouvrage à corne de

Mons. Il commençait aussi une parallèle d'un développement fort étendu.

Un trompette apporta alors une sommation de se rendre, à laquelle on n'envoya pour réponse que le procès-verbal du serment que les autorités avaient prêté peu de jours auparavant; serment par lequel elles s'engageaient à ne capituler qu'à la dernière extrémité.

Le duc d'Yorck, qui était devant la place avec une colonne anglaise, et qui avait envoyé le modèle de sommation, n'eut pas plutôt reçu la réponse, qu'il fit découvrir quelques pièces et commencer le bombardement. D'abord quelques boulets tombèrent dans la ville, mais bientôt un feu horrible porta l'incendie dans tous les quartiers : ceux de Tournay, de Cambrai eurent surtout beaucoup à souffrir. Les commissaires conventionnels furent alors insultés par une populace furieuse, et les soldats, par un genre de dévouement jusqu'alors inouï, parvinrent à calmer les mécontens : ils cédèrent à la bourgeoisie les casemates, les souterrains, et, loin des quartiers où ils devaient trouver un repos plus sûr après leurs fatigues, ils couchèrent au bivouac exposés au feu de l'ennemi, qui, par un raffinement de cruauté, lançait plus de bombes encore sur les bâtimens attaqués par l'incendie, afin d'empêcher l'effet des secours. Une sortie fut tentée le 17 mai sans aucun succès.

Le lendemain, l'ennemi recommença de bombarder, et cinquante-sept milliers de poudre sortirent le matin des magasins de la place. Les hauteurs de Saint-Sauve du Rouleur et de Marly étaient comme autant de volcans qui vomissaient sur la ville les ruines et le trépas. Mais ces maux cruels et prolongés, qui remplissaient les habitans d'effroi, ou les portaient au désespoir, ne pouvaient abattre le courage de la garnison. Tous les soldats qui étaient dans la place étaient persuadés que le général Custine viendrait au secours de Valenciennes : en mourant, ils l'appelaient encore comme leur vengeur.

Cependant le duc d'Yorck, dont les munitions commençaient à s'épuiser, et qui avait déjà lancé sur la ville les pavés des villages voisins et les pierres des grandes routes, jugea qu'une attaque générale était nécessaire, même indispensable, pour ne pas perdre le fruit de tant d'efforts, qui, sans cette mesure, devenaient inutiles. Ainsi, le 25, à dix heures du soir, un mouvement général se fait autour de la place : toutes les batteries tirent à-la-fois : mais l'ouvrage à cornes de Mons est le point où l'ennemi rassemble le plus de forces : trois globes de compression y font sauter deux places de cinquante hommes chacune, et l'ennemi pénètre par la brèche que ce déchirement vient d'ouvrir : on entend de tous côtés ces cris : *Mort aux patriotes !* le désordre est à son comble. Le général Ferrand cherche en même temps à en imposer à l'ennemi : il se précipite au milieu de la mitraille, appelle des régimens à son secours, et parvient à faire reculer les Anglais et les corps autrichiens qui se retirent et ne cherchent à conserver que l'ouvrage à cornes de Mons. Cette nuit de désastres ôta au soldat la confiance; il se crut encore une fois trahi, et l'on n'obtint plus de lui que ce qu'il n'osa refuser aux rigueurs d'une discipline sévère. Le général Ferrand reçut alors une dépêche du duc d'Yorck. Le trompette chargé du message portait un drapeau blanc; il fut introduit dans le conseil : la salle du conseil fut aussitôt entourée d'une multitude furieuse qui demandait à grands cris une capitulation, et qui dédaignait les prières pour n'employer que les menaces. Une suspension d'armes de vingt-quatre heures fut demandée et accordée : le lendemain, l'ennemi prit possession des postes extérieurs, et le jour suivant, la garnison, réduite à trois mille hommes, évacua la place. Alors on vit des cavaliers bourgeois qui n'avaient point paru durant tout le siége parcourir la ville, le sabre à la main, caracoler sur les places publiques, et arracher la cocarde tricolore à des gens indifférens qui l'avaient gardée, souvent encore par inadvertance.

Un bombardement de quarante jours, le premier qui soit rapporté dans cette histoire, avait coûté plus de six mille hommes à l'armée française; mais quinze à vingt-mille à l'ennemi, deux cent mille boulets, quarante-deux mille bombes, trente mille obus avaient été employés par les assiégeans. Des rues entières n'offraient plus que des monceaux de cendres et de débris : on ne reconnaissait plus au milieu des ruines l'alignement des chemins, et les brèches faites aux fortifications étaient si larges, qu'elles pouvaient donner passage aux escadrons de la cavalerie ennemie.

La guerre était toujours poussée avec la même vigueur dans les Pyrénées orientales. Le général Ricardos, après nous avoir chassés de Perpignan, venait d'envoyer sur Villefranche le général Crespo. Celui-ci parvint, le 30 août, à une demi-lieue de cette place, après avoir évité tous les postes français. Il s'empare, à la tête de six bataillons, d'une hauteur qui est à demi-portée du canon du château. Des soldats du régiment de Navarre et de Savoie montent à bras des canons de 24 et de 12 sur cette hauteur, à laquelle aucun chemin ne conduit, et le bombardement commence sur-le-champ : il dure quinze heures sans interruption. Un trompette, à six heures du soir, entre dans la place, et demande que la garnison se constitue prisonnière, et que la ville se rende. Soit que les chefs craignissent de ne pouvoir résister avec des recrues, seules troupes qu'ils eussent à leur disposition ; soit que l'or des Espagnols, comme on le prétendait alors, fit sur eux une impression coupable, toujours est-il vrai que la place se rendit à minuit, et que tous les soldats qui s'y trouvèrent furent déclarés prisonniers.

Valenciennes était rendu : l'ennemi n'avait plus besoin de rester en forces devant cette ville ; il y laissa une garnison, et, s'étant réuni à sa grande armée, il poursuivit avec vigueur le cours de ses opérations. Cambrai fut attaqué le 7 août 1793. Le général Kilmaine, qui commandait l'armée française au camp de César, ne put couvrir cette ville ; et le commandant qui conduisait l'avant-garde autrichienne s'expliqua ainsi devant le général Declaye, gouverneur de Cambrai :

« MONSIEUR,

» Nous avons investi Bouchain ; tous vos
» camps, tous vos postes sont en notre pou-
» voir : vous n'avez qu'un parti à prendre,
» c'est de recevoir une capitulation honorable
» que le général en chef m'envoie vous offrir.
» Il vous reste à décider si vous voulez livrer
» la ville où vous commandez à toutes les hor-
» reurs dont Valenciennes vient d'être vic-
» time, ou sauver les propriétés des habitans
» et la garnison, en vous rendant aux justes
» propositions qu'on consent de vous faire. »

Declaye lui répondit : « Dites à votre maître
» que je sais bien me battre, mais que je ne
» sais pas me rendre. » Le siége commença. Le brave Declaye, qui manquait de vivres, sut s'en procurer par plusieurs sorties heureusement tentées et exécutées avec une intrépidité extrême. Le 9, il chassa les Autrichiens de leurs tranchées ; les jours suivans il

les attaqua encore, et toujours avec succès. Le 11, le siége fut levé.

Le camp de César venait dans ce moment d'être évacué. Nos troupes, dans une savante retraite dirigée par le général Houchard, et couverte par une cavalerie bien aguerrie, sortirent des retranchemens que l'ennemi commençait à circonvenir. Elles se retirèrent au village de Linselles, où de nouveau elles prirent position. Le duc d'Yorck est alors attaqué; les Français reprennent l'initiative, et poursuivent l'ennemi, dont les postes avancés se replient devant eux. Une division hollandaise, faisant partie du corps d'Yocrk, se porte sur Linselles en deux colonnes: l'une aborde franchement le village, tandis que l'autre, se dirigeant par Blaton, attend, pour paraître, que l'affaire soit devenue générale. Le prince d'Orange, à la tête de l'élite de la division hollandaise, commence le combat. Les Français, vaincus par des ennemis en nombre bien considérable, sont contraints de quitter le village et d'abandonner leurs canons; mais, à midi, ils reviennent à la charge, tournent les retranchemens, pénètrent par leur gorge, et retrouvent, après une heure de combat, la possession de tout ce qu'ils ont perdu.

Le général duc d'Yorck n'a pas plutôt reçu la nouvelle de cette action, qu'il envoie six bataillons reprendre le poste de Linselles. Ces bataillons, moité anglais, moitié hollandais, sont reçus par une mitraille épouvantable, qui renverse des lignes entières; mais ils bravent le feu, s'emparent de douze pièces de canon, et se rendent maîtres du village de Linselles, qui est rasé le lendemain.

Cette affaire coûta 800 hommes à l'ennemi et 1200 aux Français.

Un événement bien malheureux vint alors ouvrir aux Anglais les portes de Toulon. Lyon s'était révolté contre la faction des Jacobins; les Toulonnais imitèrent son exemple. Depuis long-temps tourmentés par les autorités qui gouvernaient leur ville, et qui toutes étaient plus ou moins attachées à un parti sanguinaire, ils résolurent de se venger, et une révolution soudaine éclata lorsqu'on fit proclamer la constitution de 1793. Les commissaires conventionnels furent jetés dans des cachots, et les magistrats renversés de leurs places, et renommés par les insurgés qui s'établirent en sections.

Après s'être portés à de telles extrémités, les Toulonnais sentirent qu'ils avaient tout à craindre de la Convention s'ils rentraient sous le pouvoir de cette assemblée ; ils imaginèrent de livrer la ville aux vaisseaux anglais qui croisaient dans la rade. Deux partis étaient en opposition dans Toulon, quoique revoltés tous deux. Les républicains désapprouvèrent une mesure qu'on pouvait regarder comme un crime de lèze-patrie ; mais le péril était imminent, il fallait passer par-dessus bien des choses. On balança cependant encore ; des batteries furent chauffées à rouge, et l'on allait se défendre contre la flotte ; mais de nouvelles craintes survinrent, et les Anglais, d'après un traité, prirent possession de Toulon au nom de S. M. Louis XVII.

CHAPITRE V.

Réflexions politiques. — Prise du camp de Mont-Louis. — Attaque du camp de Peyrestortes. — Siége de Dunkerque. — Bataille de Honschoote. — Combats de Preux-au-Bois, de Tourcoing, de Lannoy, de Pirmasens et de Nothweiller. — Bataille de Truillas. — Combat de Saint-Maurice. — Siége de Lyon. — Evacuation des lignes de Weissembourg par les Français. — Blocus de Maubeuge. — Combat d'Haguenau et de Gilette.

De tous les sujets que l'historien peut traiter, la révolution française est certainement l'un des plus féconds. Cette grande et mémorable époque offre des tableaux éminemment dramatiques, dont l'effet est si puissant, que l'écrivain n'a besoin d'autre talent que celui de la narration ; les choses parlent d'elles-mêmes, et raconter, c'est peindre. Ce que les passions ont de noble et de vil, la lâcheté et le courage, la fidélité et la trahison, l'honneur et la honte, tout fut épuisé dans ces journées non moins immortelles pour l'opprobre que pour la gloire. La première idée de la révolution française fut grande et généreuse. C'était l'amour d'une sage liberté. Comment se fait-il que d'un principe si pur on ait vu sortir des conséquences si désastreuses ? Tandis que les villes de France étaient livrées à l'anarchie, hors de ces villes, des citoyens, dignes de la liberté, maintinrent aux yeux de l'étranger la gloire du nom français ? Ils dirent à nos ennemis : « Oui, sans doute, des divisions intestines nous agitent, des hommes sortis de notre sein exercent sur nous un odieux despotisme ; mais enfin ce sont des Français, et nous les avons choisis. Ils abusent de leur mission, mais du moins ils l'ont reçue, cette mission : de quel droit venez-vous interposer votre autorité entre le peuple et ceux qui les gouvernent ? Avez-vous cru que la tyrannie étrangère nous paraîtrait préférable à la tyrannie intérieure ? est-ce à vous de nous désigner des despotes ; lors même que vous nous offririez la liberté, croyez-vous que nous aurions confiance dans les dons empoisonnés d'un ennemi ? »

Quel spectacle que celui des quatorze armées qui défendaient aux jours de la révolution le territoire de la patrie ! Quels généraux que ceux qui les dirigeaient ! Pour un Dumouriez, infidèle à ses devoirs, combien compte-t-on de Beurnonville et de Dugommier ? Dans ces jours agités, il fallait bien plus de courage qu'à des époques ordinaires. Ces généraux ne voyaient devant eux ni les honneurs, ni la fortune; l'exemple de plusieurs pour qui la victoire avait été le chemin de l'échafaud, les avertissait qu'il fallait mourir à la tête de leur armée, et que, pour eux, il n'y avait point de lieu plus sûr que le champ de bataille.

D'abord vaincus, plutôt par la méfiance et la trahison que par l'habileté de l'ennemi, les Français regagnent insensiblement leurs frontières; ils chassent les coalisés de toutes les places fortes; ils leur font expier quelques victoires arrachées à un moment d'incertitude; les Jemmapes avaient réparé Marquain, Hondschoote répare Nerwindeen, et bientôt chaque campagne ressemble à une marche triomphale.

Cependant les hommes du club des Jacobins se couvrent du sang d'un prince infortuné, dont la mort à jamais déplorable devait attirer tant de vengeance. Une assemblée, convoquée pour pourvoir aux besoins de l'Etat, mais non pour couvrir la France de désolation et de honte, déshonore le saint nom de *Liberté*, et peut-être mûe par des influences étrangères, met en pratique le monstrueux système de la terreur, système trop souvent adopté par les tyrans, mais jamais avoué comme alors à la face de l'Europe.

Si l'on cherche les causes de nos victoires et celles de nos erreurs, on les trouvera toutes dans le mot brillant et dangereux de liberté, appât le plus perfide lorsqu'il est offert par la politique des tyrans, nom le plus beau et le plus sacré quand on le prononce avec une bouche pure, et un cœur sans détours La liberté bien entendue nous rendit vainqueurs de l'ennemi, l'abus de la liberté nous livra aux fers du despotisme. Dans tous les temps l'image de cette enchanteresse fut offert aux peuples; mais celui-là sera le chef-d'œuvre de la civilisation et des lumières, qui aura fixé les bases certaines, et tracé d'une main sûre les limites qui la séparent de l'esclavage ou de la licence.

Ce serait un bel et utile ouvrage que celui dans lequel, partant du principe que le mot de liberté appliqué par l'erreur ou la perfidie fût la source de tous les maux de l'homme social, on démontrerait que le seul moyen d'assurer à jamais le bonheur des nations est de combiner les pouvoirs avec une telle adresse, et une telle précision, qu'ils se résistent sans se froisser, et restent dans un éternel et inébranlable équilibre. Le modèle le moins imparfait que l'on ait de cette force de répulsion, est le système représentatif: mais combien il reste encore d'abus à faire disparaître !

Ces réflexions nous ont éloignés de notre sujet; mais le lecteur nous les pardonnera en faveur de l'utile but que nous voulons atteindre. Dans un moment où, revenus de leurs longues erreurs, les Français cherchent encore, comme Tantale, cette indépendance qui fuit sans cesse devant eux, il est patriotique de réunir les documens fournis par l'expérience et d'en tirer toutes les conséquences qui peuvent hâter la solution du grand problème de la félicité publique, et de la mutuelle indépendance des peuples et des trônes.

Nous revenons au récit des victoires de nos armées, et c'est avec une sorte d'orgueil national que nous poursuivons une route désormais aplanie par de continuels succès. Il ne faut qu'être né en France, et aimer sa patrie, pour sentir son cœur battre au souvenir des belles actions des armées républicaines, et de cette gloire qui est, après la liberté, le plus bel apanage de l'homme.

Le général Crespo s'était rendu maître de Villefranche, et les Espagnols, après avoir jeté quelques corps dans cette place, se rapprochaient de Perpignan : souvent inquiétés par les soldats français, ils n'exécutaient aucun mouvement qu'ils n'eussent envoyé un grand nombre de reconnaissances; et, s'ils s'arrêtaient, ils avaient grand soin de retrancher leurs camps. Le 28 août, cependant, ils sont attaqués dans leur position de Mont-Louis, par une brigade, à la tête de laquelle se trouve Dagobert. Poinsot, qui commande l'avant-garde, tombe sous les sentinelles, les égorge, et enlève les postes par surprise. Dagobert accourt sur ses pas, et le soutient : un combat sanglant commence et ne finit que deux heures après. Le nombre des morts et des blessés est considérable de part et d'autre : l'ennemi cède enfin le champ de bataille après avoir perdu son artillerie et quatre cents dragons du régiment de Sagonte, qui restent sur la place.

Quelques légers combats suivirent celui-ci: les deux partis restèrent sur la défensive, et ce ne fut que le 6 septembre que les Espagnols, dans une attaque plus vive, s'emparèrent des positions de Vernet et de Peyrestortes : le général Davoust ne tarda pas à les y assiéger : il donna rendez-vous dans Rivesaltes au général Gogué, qui campait près de Salces, et lui-même se rendit le 8, dans ce village, à la tête d'une colonne sortie du camp de Perpignan, et de huit mille hommes tirés du camp de l'Union. Le chef de brigade Soulheirac commença l'attaque, et prit les Espagnols en flanc : dans le même moment, Davoust en vint aux mains, et chercha à pénétrer dans la partie droite du camp. Il éprouva quelque résistance ; mais, au bruit de sa mousqueterie, Gogué fut averti de ses tentatives, et s'avança pour les seconder. Ce brave général, marcha à la tête de sa colonne, sous le feu de l'ennemi, et la baïonnette en avant s'empara du côté gauche du camp. Les Espagnols, effrayés par la fermeté avec laquelle Gogué avait assuré le succès de son mouvement, se déconcertèrent, lâchèrent pied, et furent réduits à une fuite précipitée. Davoust pénétra alors au milieu du camp, et le fit évacuer en entier. Les Français perdirent dans ce combat 250 hommes ; les officiers généraux de Puge et Vidal-Saint-

Urbin payent la victoire de leur sang ; mais d'un autre côté, l'ennemi perd le général Solano, tué dans la première attaque, 500 morts, 500 prisonniers, six étendarts, un drapeau et 46 pièces de canon. Les commissaires conventionnels, Favre et Cassagne sont blessés en combattant à la tête des colonnes, et leur exemple concourt puissamment au succès de la journée, par la confiance qu'il inspire au soldat.

L'ennemi ne semblait marcher qu'avec lenteur ; cependant, par des succès répétés, il parvenait à des résultats effrayans. Condé, Valenciennes et Cateau-Cambrésis étaient en son pouvoir; et ses reconnaissances poussées jusqu'à Péronne et Bapaume lui ouvraient le chemin jusqu'à Paris : la France manquait de forces suffisantes pour arrêter les troupes coalisées, et si celles-ci n'avaient point perdu un temps précieux à temporiser, elles entraient dans la capitale, et dans le même mois elles renversaient la Convention. Mais elles parurent tergiverser : on put même croire que leur dessein était de s'emparer de toutes les places de la frontière du nord avant de poursuivre le plan d'invasion, et l'on se contenta d'envoyer des renforts dans les villes menacées : ces mesures réussirent ; et par une suite d'événemens aussi étranges qu'inespérés, la France recueillit une ample moisson de lauriers, où elle devait trouver des revers et une perte inévitable.

Les coalisés avaient surtout gagné du terrain sur la gauche et au centre de la ligne d'invasion ; moins forts sur la droite, il étaient contenus par nos places maritimes, et ne pouvaient que difficilement s'étendre. Dans cette position, le duc d'Yorck prétendit que l'on devait, avant toute autre tentative, essayer le siége de Dunkerque : le cabinet anglais lui avait envoyé des inscriptions qui l'obligeaient à parler ainsi, et le siége fut résolu : rien cependant n'était plus éloigné de l'intérêt commun des coalisés; cette opération arrêtait leurs progrès vers l'intérieur et détruisait tout ce que le début de la campagne avait élevé d'espérances. L'on ne pouvait expliquer une décision aussi intempestive qu'en réfléchissant que l'Angleterre devait ardemment désirer la possession de cette place, qu'elle avait autrefois occupée, possession qui devait l'indemniser de tout l'or qu'elle prodiguait pour la ruine de la France.

Le dessein que le duc d'Yorck avait d'attaquer Dunkerque, acquit bientôt une entière évidence, par les mouvemens qu'il fit exécuter à ses troupes. Trois colonnes passèrent la Lys et se dirigèrent sur Furnes, Cassel, Hondschoote; et Bergues, investi le 20 août, fut bombardé pendant plusieurs jours. L'ennemi perdait ainsi un temps précieux; cependant il pouvait encore, par le succès, justifier ses fautes : il avait soixante mille combattans sur une ligne établie de Menin à Dunkerque, et les Français n'étaient dans ce même espace de terrain qu'au nombre de trente mille. Le duc dYorck avait ses forces les plus considérables entre Furnes et les canaux de Bergues et de Dunkerque; à Hondschoote était placé un camp d'observation, fort de dix-huit mille hommes. Cette position, déjà forte par elle-même, était encore couverte, au sud, par les marais de la Moëre. Par contre, le corps principal de l'armée française s'établissait entre Stenvorde et Bailleul : Hoche, commandant de la garnison renfermée dans Dunkerque, ne négligeait rien de ce qui pouvait assurer la défense de la place : il élevait des retranchemens sur plus de mille toises de long, en peu de temps, et avec peu de soldats. Il couvrait le côté de Lestraang, par des abattis qui le rendaient inabordable : enfin, le camp de la Madelaine, composé de troupes de ligne, inquiétait les assiégeans, et promettait de prompts secours à la garnison de Dunkerque. Un autre camps était établi sous cette ville même, et devait recevoir le premier choc de l'ennemi : ce fut aussi de ce côté que l'on commença l'attaque. Trois colonnes marchèrent sur le camp retranché de Giwelde : les deux premières furent d'abord foudroyées par les batteries, mais elles revinrent à la charge, et l'ardeur qu'elles déployèrent dans cette seconde attaque fut si vive, que nous fûmes contraints d'évacuer Giwelde le 24 : le lendemain nous abandonnâmes aussi le fort de Liferinchouck, et l'armée ennemie campa entre Tetenghen et Rosendaël.

Les Anglais n'avaient point encore tracé leurs lignes de circonvallation, et les travaux du siége n'étaient point commencés, lorsque la garnison prit l'initiative, et opéra une sortie vigoureuse : quelques frégates et des batteries flottantes mitraillèrent les troupes combinées, et protégèrent les assiégés : après un combat qui dura trois heures, la garnison rentra dans la place ; et l'ennemi, après avoir tracé les lignes, sous un feu très-vif, somma la ville de se rendre. La réponse fut négative : le 26, le général ennemi commanda l'escalade, mais elle fut tentée inutilement, et ses soldats, repoussés avec perte, ne cherchèrent point à vaincre les difficultés. Le 6 septembre, nous quittâmes nos positions de Cassel, de Bailleul et de Stenworde, et nous enlevâmes tous les avant-postes de l'ennemi sous Dunkerque : le général Hédouvillé s'empara de Popéringue ; le général Colland, de Vacton, tandis que le général Vendamme repoussait les Anglais de Reningelst, et le général Houchard, de Hontkerque, le général Jourdan entrait aussi à Herzeele, et le général Colland, dont le corps venait de recevoir plusieurs renforts, poursuivait l'ennemi dans les bois de Saint-Six et de Rousbruge. Bientôt après, nous prîmes possession de Baulbecke, de Custrade, et nous fûmes vainqueurs sur toute l'étendue de la ligne.

Les Anglais furent contraints de battre en retraite : le général Falkenhausen s'arrêta à Rexpoëd pour protéger ce mouvement. Le combat recommença dans ce village, qui fut pris par les Français, repris par les Hanovriens, et qui resta enfin au pouvoir du général Jourdan.

Après quelques autres engagemens, aussi peu intéressant par leur résultat, l'ennemi se retira sur Hondschoote, et le général français sur Bambecke.

Houchard n'osait attaquer les retranchemens de Hondschoote; et, par une hésitation coupable, il allait perdre un avantage presque certain et manquer le but de ses manœuvres. Les commissaires conventionnels le forcèrent en quelque sorte de poursuivre la carrière de triomphes qui s'ouvrait devant lui. Le 8, il donne des ordres pour une action générale: Collaud commande la droite, Jourdan occupe le centre, la gauche est située entre le canal et le village de Killen, et le général Vandamme se jette dans la plaine, à la tête de l'avant-garde.

L'affaire s'engagea bientôt: un feu d'artillerie et de mousqueterie fut soutenu de part et d'autre avec acharnement. Les Anglais occupèrent le village d'Hondschoote, et cette position avantageuse leur fit faire une belle résistance; mais les Français se jetèrent dans les taillis situés au-devant de ce village; et, après une vive fusillade, ils furent maîtres de ce point. Alors le général Lecler arriva avec une partie de la garnison et la gendarmerie de

Paris, troupe plus brave que bien disciplinée: ce renfort s'élance avec impétuosité, et l'ennemi, chassé de ses retranchemens, est repoussé sur tous les points : sa droite se retire sur Furnes, sa gauche sur Hoghestade La droite de l'armée française qui prit position à Bulcamp, la gauche à Steenkercke.

Il n'est point douteux qu'une victoire complète n'eût couronné cette journée, si le général Houchard eût poursuivi l'ennemi qui fuyait épouvanté : mais, nouvel Annibal, il arrêta le char du triomphateur, et perdit tous les avantages d'un combat glorieux. On l'accusa de trahison, on le proscrit, et il paya de sa tête une faute d'inexpérience.

Pendant que nos soldats, dans les journées du 7 et du 8, immortalisaient les armes françaises, la garnison de Dunkerque exécutait de fréquentes sorties, et toujours avec avantage. Le duc d'Yorck, craignant de voir ses communications coupées, assembla son conseil de guerre, et la levée du siége fut résolue. Le 9, la garnison de Dunkerque sortit et renversa les retranchemens que l'ennemi avait élevé : elle rentra dans la ville avec trente-deux pièces de canon, un bagage considérable et des munitions immenses.

Dans cette bataille, un nouvel exemple de patriotisme prouva combien les idées de liberté qui étaient alors proclamées, pouvaient produire de résulats heureux. Les bataillons qui marchaient sur les redoutes, manquaient de cartouches; on demanda des cavaliers de bonne volonté pour leur en porter; le premier de tous, *Mandement*, s'est offert : ce brave met son cheval au galop, approche des volontaires, leur crie : *Amis, vous faut-il des cartouches? non*, répondent ceux-ci, *nous nous servirons de la baïonnette, c'est l'arme républicaine; nous nous en servirons pour voir l'ennemi de plus près*. Mandement se retire, mais à quelque distance, il aperçoit derrière une haie; huit à dix soldats avec un drapeau : il les prend pour des Français, et leur fait le même offre qu'il venait de faire aux volontaires. On lui crie d'approcher.... il franchit la haie; quelle est sa surprise.... on lui ordonne de se rendre; il reconnaît les soldats ennemis : feignant alors de céder, il jette à leurs pieds les cartouches; mais, au moment où ils vont pour les ramasser, il tire son sabre, frappe sur tous, leur arrache le drapeau, pique son cheval, et saute de l'autre côté de la haie : à quelques pas, il tombe dans un régiment ennemi, le traverse au milieu des décharges de mousqueterie, va droit au colonel, le fait prisonnier, et rentre au centre, dans les rangs de la cavalerie française, où il reporte les signes glorieux de son triomphe, où il reçoit de ses camarades, de ses officiers, ces nobles félicitations, qui sont le plus digne prix du courage.

Le 11 septembre, nous sentîmes que, pour avoir une fois vaincu, on n'était pas à l'abri des revers, et que des cyprès pouvaient se joindre aux plus brillans lauriers : la division du général Hiler, repoussée de la forêt de Mormal par le prince Hohenlohe, s'était portée sur Preux-aux-Bois, où l'ennemi était retranché avec des forces supérieures : on devait le faire agir contre ce camp, pour débloquer Quesnoy, dont on ignorait encore la reddition. Elle avait cependant été signée le 5. Le combat commença à midi; mais les généraux français commirent plusieurs fautes qui ne contribuèrent pas peu à décourager nos soldats, déjà plus faibles par le nombre : des bataillons furent envoyés sur la gauche de l'ennemi, avant que les troupes chargées d'attaquer sa droite, fussent seulement en ligne : nos régimens, engagés les uns après les autres, ne purent combiner leurs efforts, et l'ennemi, se concentrant toujours sur le point où il était assailli, les mit sans peine hors de combat. Sur un seul point, nous pûmes tenir avec d'honorables alternatives, la victoire indécise: nos braves soldats prirent le village de Fontaine, y rentrèrent après l'avoir perdu, le perdirent encore, le reprirent de nouveau, et le disputèrent enfin au milieu des flammes, avec une intrépidité, un sang-froid qui firent voir tout ce qu'on aurait pu attendre de leurs efforts, s'ils avaient été habilement dirigés.

L'ennemi, comme nous avons déjà eu l'occasion de le faire observer, avait trop étendu sa ligne, et ses forces divisées devenaient moins redoutables : le général Houchard sut mettre à profit cette inexpérience. Après avoir lancé quelques boulets rouges sur Ypres, dont il fut contraint d'abandonner le siége, il se porta sur les places de Tourcoing, de Menin, de Lannoy, où l'ennemi avait placé des garnisons. La première de ces positions qu'il attaqua, fut Tourcoing, occupé par le général Gewsan : après une résistance vigoureuse, les assiégés mettent bas les armes ; et notre division victorieuse se reporte sur Lannoy, et sert ainsi de renfort à la colonne qui pressait le général Reizenstein, chargé de le défendre. Lannoy est emporté, et des soldats républicains, blessés dans ce dernier choc, chantent l'hymne de la victoire, au lieu de regretter les membres qu'ils ont perdus.

Ces cris de guerre, ces chants de triomphe qui sortent même de la bouche des blessés, élèvent le soldat, et le remplissent d'une nouvelle ardeur : Houchard se saisit de cet enthousiasme, le soutient par des discours brûlans de patriotisme, et marche sur Menin. Le prince d'Orange allait sortir de cette place; il y rentre avec un renfort de six mille hommes pour y attendre les Français. Bientôt l'affaire s'engage : le combat est meurtrier; le prince, qui a trop divisé ses forces, ne peut s'opposer long-temps à nos braves légions, et fait sonner la retraite, pour ne point être cerné. C'est au milieu de périls sans nombre, qu'il se sauve sur Deynse et Bruge : nos soldats vainqueurs entrent dans Menin, dans Wervick, qu'ils viennent aussi d'enlever, sans envoyer seulement une reconnaissance sur le général Gewsan, qui reste posté avec dix mille hommes près de Courtray. Nous ne perdîmes que six cents hommes dans ces deux journées; l'ennemi eut quatre mille combattans tués, pris ou blessés, et laissa dans Lannoy, Tourcoing et Menin, quarante - deux pièces de canon.

Les membres que la Convention tirait de son sein pour inspecter la conduite de nos généraux, étaient presque tous d'une grande bravoure, mais presque tous dépourvus de talens et d'expérience militaires ; ils commandaient à nos troupes des attaques hasardées, et détruisaient, par des succès difficiles, et souvent même malheureux, la confiance du soldat. Le défaut d'administration politique eut encore une fois les plus fâcheux résultats : les commissaires conventionnels firent sortir, le 14 septembre, ceux de nos corps qui s'étaient retranchés dans les défilés de Hornebach, et allèrent à leur tête attaquer l'ennemi à Pirmasens, où cent bouches à feu couvraient son front. Notre défaite était inévitable ; elle arriva, et nos bataillons, abîmés par la mitraille, renversés des retranchemens qu'ils avaient escaladés, massacrés sur les pièces qu'ils allaient enlever à l'arme blanche, furent obligés de fuir devant un ennemi supérieur par son nombre, par ses ressources et par sa position : l'armée française, forcée de battre en retraite à Pirmasens, se retira sur Sarguemines.

Pendant que nous étions vaincus à Pirmasens, nous remportions sur l'ennemi un avantage marqué à Nothweiller : cette position était occupée par un camp d'Autrichiens ; elle fut attaquée par le 1.er bataillon de la Saône, le 1.er des Vosges, et le 7.e d'infanterie légère. L'ennemi et des émigrés qui s'y trouvaient en assez grand nombre, tinrent, par une résistance audacieuse, le succès quelque temps indécis ; mais il lui fallut céder au courage, et le camp de Nothweiller, le vallon qu'il domine et la redoute du village de Bodenthal tombèrent en notre pouvoir.

Si nous reportons nos regards sur nos légions des Pyrénées orientales, nous allons les voir fuir devant le général Ricardos. Le 27 septembre, elles attaquent les Espagnols à Truillas ; mais leur nombre n'est pas assez considérable, et une déroute complète est le résultat incontestable d'une attaque mal concertée.

Le 4 du mois suivant, nous remportons quelques succès ; nous retrouvons quelques espérances ; les Piémontais, qui s'étaient jetés dans le département du Montblanc, sont repoussés, et la porte de Saint-Maurice, qu'ils avaient fortifiée d'une batterie, tombe entre les mains du général Kellerman.

Peu de jours après, le général Kellerman

fut appelé par la convention à une expédition qui répugna toujours à son cœur animé du vrai patriotisme : Lyon s'était révolté contre les conventionnels; il fut chargé d'en poursuivre le siége. Forcé d'obéir, il commença par déposter les Lyonnais de tous les points qu'ils occupaient hors la ville ; et dans l'espoir d'une réconciliation, il retarda le bombardement. Tant de lenteur ne put sauver cette ville malheureuse : le général reçut de nouveaux ordres, et Lyon, bloqué par soixante mille hommes, fut bombardé, sans relâche, pendant plusieurs jours. Un conventionnel eut la barbarie de faire diriger les batterie sur l'Hôtel-Dieu, que des Lyonnais, plus cruels que lui, et traîtres à l'intérêt de leur cause, avaient la basse se de lui signaler. Le magasin à poudre fut aussi attaqué, et des boulets rouges en causèrent l'explosion : enfin, 20,000 bombes furent jetées dans la place, avant que les assiégés, qui espéraient toujours une diversion de la part de l'armée du roi de Sardaigne, consentissent à entrer en négociation. Le 9 octobre, Lyon ouvrit ses portes, et fut exposé à toutes les vengeances de la faction tyrannique, qui étendait alors sur la France sa funeste domination.

Nous eussions passé sous silence ce siége qui appartient à l'histoire de nos troubles civils, mais nous avons cru que son rapport était tellement lié aux faits d'armes qui nous occupent, qu'on ne pouvait l'ensevelir dans le silence, sans rompre la chaîne nécessaire des événemens.

L'armée combinée des Prussiens et des Autrichiens entreprit sur ces entrefaites de nous chasser des lignes de Weissembourg. Vainqueurs à Pirmasens, à Nothweiller, les coalisés ne doutèrent plus du succès : leurs forces furent divisés en trois corps, qui combattirent tous avec bravaure, mais avec un succès différent. Ce ui qui formait leur droite et celui qui était au centre nous firent éprouver une perte assez considérable, et les armes à la main, entrèrent dans nos positions. Celui qui marchait à leur gauche n'obtint qu'un demi-succès. Cependant, successivement dépostés de Bergzahern, d'Alstadt, de Lembach et de Weissembourg, nous fûmes obligés de sortir des lignes que nous avions si glorieusement occupées et de nous retirer sur la Moder. Notre droite se retira par Irflendheim et Fortfelden, notre centre par Geisberg; notre gauche seule garda une discipline sévère et une attitude imposante dans ses mouvemens de retraite. Les généraux Desaix et Ferrière, qui commandaient cette extrémité, ne cédèrent que pour suivre le mouvement du centre et de l'autre aile, et pour compléter la concentration : il n'est point douteux qu'ils n'eussent pu résister long-temps encore à l'ennemi, si d'autres corps n'avaient plié dans une autre partie de la ligne.

Nous ne perdîmes que deux mille hommes, tandis que l'ennemi compta quatre mille morts, mais nous quittâmes les lignes de Weissembourg; et cette perte, dans la position où nous nous trouvions, pouvait avoir les suites les plus funestes. Dans les combats qui se livrèrent sur la ligne, on remarqua que nous eûmes l'avantage partout où nous eûmes affaires à des Autrichiens, à des Prussiens, et que la victoire ne nous échappa que lorsqu'il nous fallut en venir aux mains avec nos émigrés, qui se trouvaient en assez grand nombre dans le corps du duc de Brunswick : ainsi les Français peuvent se glorifier de la défaite de Weissembourg, puisque leurs vainqueurs ne durent encore leur triomphe qu'à des Français.

Les coalisés devaient terminer la campagne par la prise de Maubeuge : cette place fut assiégée; Clairfait et Cobourg avaient été chargés de cette opération; on leur opposa le général Jourdan, qui s'avança sur eux, le 10 octobre 1793, à la tête de 40,000 hommes réunis des camps de Graverelle, de Cassel et de la Madeleine. Les généraux autrichiens, à la nouvelle de ces dispositions, envoyèrent 10,000 hommes pour établir une communication avec l'armée du général Beaulieu, et 60 escadrons en reconnaissance au-devant des troupes françaises. On se rencontra au bois du Tilleul, et le succès fut partagé. Le lendemain 15 octobre, l'engagement eut lieu sur toute la ligne, mais sans une issue plus décisive. Enfin le jour suivant, les armées, marchant au milieu d'un brouillard épais, s'approchèrent à une portée de canon : le feu fut terrible; jamais dans aucun combat l'artillerie n'avait joué avec autant d'activité : le carnage fut affreux : le centre de l'ennemi et sa droite résistèrent quelque temps, mais sa gauche plia, et la ligne fut rompue : alors Cobourg qui s'était promis la victoire dans un discours ambitieux, repassa la Sambre, et Maubeuge débloqué, reçut dans ses murs les braves qui l'avaient sauvé des horreurs d'un siége : les habitans, sortis de l'eceinte de leurs murailles, renversèrent les travaux commencés dans la plaine.

Le duc de Brunswick, doué d'une hardiesse souvent téméraire, mais d'une activité infatigable, ne cessait de harceler celles de nos divisions qui s'opposaient aux progrès de son armée : nous étions retranchés entre Druzenheim et Reisens-Hoffen, notre centre établi à Hagueneau. Il ordonna une attaque sur tous les points, pour nous chasser de nos positions. Le centre et la gauche de notre armée se distinguèrent par les plus beaux exemp es que le patriotisme et la bravoure militaire puissent enfanter : mais le général Dubois, qui commandait notre droite, fut forcé de plier, et son mouvement rétrograde jeta bientôt la terreur dans tous les esprits : la droite, le centre quittèrent l'offensive, perdirent du terrain, et le général en chef porta son quartier-général sous Strasbourg. Ce dernier échec acheva d'indisposer les membres de la Convention : elle accusa les généraux de trahison, les destitua, et nomma de nouveaux généraux, Hoche et Pichegru.

Le 19 octobre, huit mille Austro-Sardes se portent sur Gilette ; mais Dugommier, parti d'Utelle, qu'il laisse au commandement de l'adjudant-général Despinois, se présente à l'ennemi : celui-ci, déconcerté par la présence d'un corps qu'il croit éloigné, lâche pied et abandonne Gilette : la tente du général ennemi, huit cents Austro-Sardes morts dans l'attaque, et sept cents hommes faits prisonniers sont les résultats du combat : la Provence n'a plus à craindre le pillage d'un ennemi qui menaçait de l'inonder, et les troupes françaises, à l'abri de toutes insultes, peuvent se reposer dans le comté de Nice, de leurs glorieuses fatigues.

Ainsi se termina cette campagne dans laquelle les succès furent souvent partagés, mais qui n'affaiblit pas moins l'ennemi que nous-même. Dans le même temps cependant, une guerre plus déplorable et non moins acharnée tarissait les sources de la prospérité publique. La guerre de la Vendée dont nous nous sommes fait un devoir de passer sous silence les funestes événemens, dévorait notre patrie, et faisait périr par milliers des soldats dont la vie eût pu être si glorieusement prodiguée contre l'ennemi naturel de la France. Si les habitans de la Vendée eussent pu trouver dans le gouvernement conventionnel des garanties certaines, des espérances de paix et de liberté, il est à croire qu'elle se fût promptement pacifiée ; mais, à la honte éternelle du gouvernement sanguinaire qui pesait sur nous, la guerre civile, loin d'être étouffée, s'alimentait chaque jour par les soins même de ce gouvernement. Comment notre patrie est-elle sortie victorieuse de tant de luttes étrangères ou intestines? quel Dieu a produit ces miracles? l'amour de la liberté, l'amour du sol natal. Le système révolutionnaire tomba, avec lui s'éteignit la guerre civile. Les étrangers chassés par de là leurs frontières, payèrent chèrement quelques succès passagers; le grand peuple triompha; heureux si en conservant intact l'honneur militaire; il eût su résister à la tyrannie intérieure!

CHAPITRE VI.

Rapprochement entre les opérations militaires des premiers et des derniers mois de 1793. — Combats d'Utelle, de Saorgio et de la Briga. — Coup d'œil rapide sur les opérations de l'armée en Piémont. — Combat de Guise. — Reddition du fort Vauban. — Attaque du fort de Bitche. — Combats de Berchem et de Dawendorf. — Siége de Toulon. — Prise du fort Saint-Elme. — Combats de Werdt, de Freschweiller. — Siége de Landau. — Bataille de Geïsberg. — Rentrée des Français dans les lignes de Weissembourg. — Reprise du fort Vauban. — Combat du camp des *sans-culottes*. — Combat d'Arlon. — Entrée en campagne de l'armée du Nord. — Combats de Bossut, de Thionville. — Prise de Landrécies par les troupes de la coalition. — Bataille de Tourcoing. — Reprise du fort Saint-Elme.

Nous sommes arrivés à la seconde période de 1793, et nous avons vu tout-à-coup changer cette scène sur laquelle nos regards étaient fixés : les vaincus ont pris la place des vainqueurs; le combat a été transporté dans d'autres lieux. Pendant les premiers mois de cette année un ennemi, triomphant sur tous les points, a franchi nos frontières avec une audace capable d'intimider les plus braves. Du nord au midi il a ravagé nos champs et détruit nos soldats, dont la méfiance causait la faiblesse : la guerre civile s'est joint à la guerre extérieure : les villes de Lyon, de Marseille ont été assiégées par des Français, et ces combats ont détruit des ressources que la présence des étrangers rendaient tous les jours plus précieuses. Nos soldats, il est vrai, soutenaient encore l'honneur national; mais que pouvait-on espérer d'une résistance qui, noble et glorieuse, devenait plus faible de jour en jour? On avait à craindre, sans doute, que les rebelles au parti conventionnel n'apportassent des entraves capables de paralyser nos moyens de défense : la concentration de leurs opérations, l'union de leurs efforts, pouvaient livrer le sol de notre patrie à l'avidité d'une junte qui ne l'envahissait que pour le partager : ainsi les craintes étaient extrêmes, les calamités prochaines.

Tout-à-coup le peuple français répare leurs défaites par d'éclatantes victoires : les journées d'Hondtschoote et de Watignies lui révèlent ce qu'il peut avoir de force contre des ennemis que l'intérêt divise. Pendant les derniers mois de 1793 nous verrons l'ennemi vaincu, malgré son étonnante supériorité; nos soldats retrouvant leur vigueur et la confiance due à leurs chefs, se signaleront par de nouveaux exploits, cueilleront de nouveaux lauriers, et la France, rassurée par ses triomphes, présagera cette gloire militaire qui la rendra un jour la première nation de l'Europe.

Le général Dugommier, vainqueur à Gilette, sentit que le poste d'Utelle était trop faible pour résister à une attaque; il y rentra avec les troupes qu'il en avait tirées pour son expédition : il eut bientôt à se féliciter de cette contre-marche, car l'armée autro-sarde s'y porta pendant la nuit : nos soldats, fatigués d'un combat où ils avaient long-temps disputé la victoire, furent pris à l'improviste. Les ennemis, maîtres des avant-postes, ne tardèrent point à s'emparer de la position : le seul poste de la Madone, fortifié par les localités, résista jusqu'au lendemain matin, moment où les Français reprirent l'avantage. Les Piémontais furent chassés des hauteurs, et 5000 furent poursuivis avec perte dans un défilé.

Les capitaines Partonneaux et Guyeux concoururent puissamment au succès de cette affaire, en exécutant une charge brillante à la baïonnette.

Le 24 novembre, les Austro-Sardes, chassés de la Torre, furent attaqués de nouveau à Castel-Gineste : Masséna, depuis nommé l'enfant chéri de la Victoire, et sur les cendres duquel la France pleure encore, fut chargé de cette opération. Il tourna Castel-Gineste à sa droite, et pénétra, la baïonnette en avant, dans les retranchemens des Austro-Sardes : ceux-ci se retirèrent devant nos troupes et se retranchèrent sur la montagne de Brec. Masséna ne crut point sa victoire complète ; il fit porter, l'espace de deux milles, à travers des pointes de rochers, des pièces de 4; et, mettant cette artillerie en jeu, il chassa les Piémontais de cette seconde position, où ils se croyaient en sûreté : la colonne française ne donna point à l'ennemi le temps de reconnaître sa situation ; elle le poursuivit de rochers en rochers, et l'empêcha de concerter un mouvement de retraite.

L'adjudant-général Despinois se rendait maître, pendant ce temps, de Figaretto.

Le général Dugommier venait de remettre

le commandement des forces réparties dans le comté de Nice au général Dumerbion, et il était allé se placer à la tête de l'armée qui assiégeait Toulon.

Le 8 avril, après quatre mois passés sans résultats décisifs, les deux partis quittèrent la défensive dans laquelle ils s'étaient retranchés. Masséna fut chargé de s'emparer d'Oneille : cette place une fois enlevée, nous coupions toute communication entre les Anglais et le roi de Sardaigne, et cette considération rendait son occupation d'une haute importance. Le général Dumerbion fit demander aux Génois le passage sur leur territoire : on le refusa, mais les troupes républicaines ne tinrent point compte de ce refus : elles traversèrent le pays en respectant sa neutralité, et parurent bientôt devant Oneille. Là, comme sur plusieurs autres points, ce ne fut qu'avec des peines incroyables que nous parvînmes à établir nos batteries. Il fallut porter les canons à force de bras, au milieu des rochers et des précipices. Le feu commença avec une telle vigueur que les Piémontais, sans attendre que leurs retranchemens fussent renversés, se hâtèrent de les abandonner. Le poste de Sainte-Agathe fut enlevé au premier assaut. Oneille se rendit, et ses habitans n'eurent que des éloges à accorder à la conduite de la garnison française. Des Oneillais, qui avaient abandonné leurs foyers, rentrèrent dans la ville, rassurés par les relations de leurs compatriotes.

Oneille venait de tomber entre nos mains; Loano se rendit peu de jours après au général Masséna. Les retranchemens de Ponte-di-Nave furent emportés après quelque résistance: 5000 Autrichiens, qui en furent chassés, se retirèrent sur Ornœa et Garessio. Ces deux places, munies de vivres et de munitions de guerre, se rendirent à la discrétion du général français.

Ces légers avantages devaient être suivis d'une action générale, exécutée sur toute la ligne, depuis le comté de Nice jusqu'à Faussigny. Le 24 avril, le général de brigade Basdelaune attaqua le mont Valaiseau et la montagne de Saint-Bernard, en exécution des ordres qu'il avait reçus du général Dumas. Les soldats français marchèrent en silence sur les batteries, essuyèrent le feu au port d'arme; mais, arrivés aux retranchemens, ils croisèrent la baïonnette, et cette arme, si terrible dans leurs mains, eut, cette fois encore, un plein succès. Les Piémontais, complètement battus, furent poursuivis l'espace de 3 lieues.

Les bataillons qui se signalèrent dans ce

combat furent le 15e de l'Isère et de Maine-et-Loire, et un bataillon du régiment Boulonnais : de nouvelles levées faites dans le département de la Côte-d'Or, contribuèrent aussi puissamment au gain de la bataille. 33 pièces d'artillerie, 200 fusils, et un certain nombre de prisonniers, furent les trophées de cette victoire. Le général de brigade Basdelaune fut élevé au grade de général divisionnaire.

L'armée d'Italie combinait alors ses mouvemens de manière à seconder le général Dumerbion. La division du centre se disposait à attaquer Saorgio, et la division de Masséna venait à son aide. Ces deux corps marchaient, le 1er. contre le camp de Raous, le 2e. contre celui de Fourches, et les deux camps étaient forcés, et Saorgio était pris. Brûlé, général de brigade, et Langlois, adjudant-général, payèrent de leur vie ce triomphe dû en partie à leur courage.

Les deux généraux, Macquart et Masséna, ne laissèrent point échapper le fruit de leurs exploits, ils surent les poursuivre : l'un s'empara du village de Tende le 8 mai, et l'autre se porta, le même jour, sur la Briga, enleva cette position et contraignit les Piémontais à la retraite.

Le printemps était alors de retour : on jugea à propos de s'emparer du mont Cénis, et d'essayer une opération que l'abondance des neiges avait rendue presqu'impraticable. Le général Dumas, chargé de cette opération importante, envoya 30,000 hommes qui s'emparèrent d'abord de Pras, du fort Mirabouc, d'Oulx, et de Fenestrelles; puis, avec le gros de son corps, il assaillit les retranchemens élevés sur le mont Cénis, et réussit au-delà de toute espérance, dans l'entreprise qui lui avait été confiée : ce n'était plus partout que victoires. Une autre colonne s'étendit dans la vallée de la Stare, après quelques combats avantageux pour les armes françaises, et établit une communication entre l'armée des Alpes et l'armée d'Italie.

Si nous reportons nos yeux sur l'armée du général Jourdan, nous aurons peine à reconnaître dans ses soldats les vainqueurs de Watignies : sans habillemens, sans munitions, sans vivres, ces guerriers nous paraîtront réduits au repos par la misère.

Le général français sentit combien sa position était critique; aussi donna-t-il l'ordre aux différens corps de rentrer dans les retranchemens qu'ils occupaient avant la journée de

Watignies. La division des généraux Balland et Duquesnoy poussèrent une reconnaissance sur Beaumont; les divisions des généraux Fromentin et Bureaux s'établirent en avant de Philippeville, et 7000 hommes campèrent à Jeumont.

Le général Jourdan ne trouva cependant point d'opposition dans le mouvement rétrograde qu'il fut obligé d'opérer : l'ennemi, qui n'éprouvait point le même dénuement que lui, ne chercha point à l'arrêter; quelques corps isolés s'offrirent seulement sur les flancs de l'armée.

Le quartier-général fut établi à Guise : le duc de Wurtemberg fut défait sous cette place par les hussards français.

L'armée coalisée s'avança toute entière pour venger l'affront que ce prince venait de recevoir : des garnisons furent jetées dans Condé, Quesnoy et Valenciennes. Cobourg se porta à Mons, le prince de Hohenlohe à Condé, le géneral Clairfait à Tournay. L'armée anglaise et hanovrienne avait alors son quartier-général à Gand, et les troupes de Hollande occupaient le pays de Liége.

L'intention du général Jourdan était de garder ses quartiers d'hiver. Le comité de salutpublic lui ordonna une tentative hasardeuse sur la Belgique, et sur son refus d'exécuter des intentions coupables, on le contraignit de donner sa démission.

Le 17 octobre, le fort Vauban fut attaqué: 7000 hommes d'infanterie et 4 escadrons de cavalerie nous bloquèrent dans cette place où nous n'étions qu'au nombre de 2,500 hommes; les assiégeans élevèrent trois redoutes, l'une à la droite du village de Reschwog, l'autre à sa gauche, la troisième sur son centre. Deux autres batteries furent encore établies dans les endroits où l'ennemi les jugea nécessaires. Les travaux furent entrepris le 18 novembre : les parallèles furent tracées, et la tranchée ouverte. Le lendemain le feu commença : soixante pièces de canon vomirent sur la ville l'incendie et la mort : les artilleurs de la place répondirent à l'ennemi, et parvinrent à faire jouer quelques-unes de leurs pièces; mais les batteries ennemies changèrent de direction, et les bombes, les obus, les boulets tombèrent dans la ville en quantité considérable : les maisons, presque toutes construites en bois, furent la proie des flammes; l'hôpital militaire fut aussi incendié. Après une longue et noble résistance, le général Durand proposa une capitulation que le général autrichien accepta. Le traité fut signé sur la brèche : la garnison mit bas les armes.

Les alliés sentaient le besoin d'emporter le fort de Bitche pour achever l'occupation des lignes de Weissembourg : ils se dirigèrent de ce côté. Le 17 mars une division prussienne s'avance sous les murs de cette place, brise les palissades, et se précipite dans le chemin couvert, tandis que le reste des assaillans détourne l'attention par une fusillade ; la nuit est obscure : un habitant s'adresse à la garnison qui est sous les armes : « *Camarades*, dit-il, *vous ne pouvez reconnaître l'ennemi : je vais vous éclairer.* » Aussitôt il met le feu à sa maison, qui, construite en bois, se trouvait placée sur le point d'attaque.

Ce dévouement contribua à la victoire ; l'ennemi fut repoussé : des soldats prussiens, qui pénétrèrent dans la ville, y trouvèrent la mort. Le corps qui était resté sous le chemin couvert y fut fait prisonnier. Le deuxième bataillon du Cher fit preuve, en cette occasion, d'une bravoure sans égale, et d'un patriotisme sans bornes.

Le général Pichegru était toujours sur le Rhin ; mais il ne présentait point à l'ennemi un front assez redoutable, et l'on pouvait craindre que la coalition ne rassemblât ses forces d'un côté, pour exécuter enfin son projet d'invasion. Le général Hoche, qui réunissait à l'énergie d'une âme brûlante, la réflexion d'un jugement sain, s'aperçut de notre faiblesse, et tenta d'y remédier. Il écrivit en conséquence à la convention, obtint des renforts, et vint se réunir, après quelques engagemens insignifians, au corps du général Pichegru.

Ce général en était venu aux mains avec l'ennemi six jours auparavant. L'affaire avait eu lieu au village de Berchem. Quelques attaques tentées sur les postes qui entouraient ce village, n'avaient produit aucun résultat décisif. Le lendemain, des tirailleurs renouvelèrent le combat. Le prince de Condé, à la tête d'un corps d'émigrés français, repoussa les républicains et s'établit dans Berchem; mais après avoir perdu un grand nombre d'hommes à défendre ce village, il en fut chassé. Au reste, il se retira en bon ordre, et parut moins fuir qu'exécuter une retraite. Il se porta sur Haguenau.

Quand le général Hoche eut opéré sa jonction, il fut résolu que l'on attaquerait le village d'Awendorf : à peine eut-on besoin de tirer l'épée. Dès que les ennemis purent reconnaître notre intention, ils se hâtèrent de sortir des retranchemens : on offrit à un bataillon républicain, après l'occupation du village, une somme de 1200 francs de gratification. Mais les défenseurs de notre patrie, nobles autant que courageux, ne voulurent point accepter d'autres récompenses que l'honneur d'avoir versé leur sang pour leur pays. Ils renvoyèrent les 1200 fr., et y joignirent même une somme de 642 fr., en priant leur général de faire distribuer cet argent aux veuves, aux orphelins qui avaient perdu, dans les derniers combats, leurs époux et leurs pères. Il est peu de nations qui puissent offrir un semblable trait dans ses fastes militaires.

Un autre exemple de patriotisme vient encore honorer le succès que nous venions de remporter. Faton, chasseur du huitième régiment, s'était rendu maître d'un cheval, après avoir sabré l'Autrichien qui le montait. Un de ses officiers, démonté, lui en offre le prix, et le lui demande : « *Prenez, mon officier*, répond Faton, *vous venez de voir comme je l'ai acheté, je vous le cède au même prix ;*

» *montez dessus et chargez l'ennemi.* » L'officier se rendit, par plusieurs actions d'éclat, digne de l'exemple que Fatou lui avait donné.

Quelques soient les traités que l'Angleterre signe, elle a toujours soin d'y ménager une clause qui, peu importante en apparence, devient pour elle, lors de la discussion, la source des plus grands avantages. Quand cette puissance ne peut ainsi ménager ses intérêts, elle ne traite que par nécessité, et rompt ses alliances aussitôt que les circonstances lui permettent de le faire sans danger : voilà quelle fut en tout temps sa conduite envers la France. Chaque page de notre histoire dépose contre sa loyauté et s'élève contre elle aux yeux de la postérité. La nation britannique tiendra sans doute un rang distingué au milieu des peuples; mais son caractère politique lui acquerra toujours plus d'admiration que d'estime. Nous voici arrivés à une époque où nous pourrons prouver, par un examen de la conduite des Anglais, la vérité de notre assertion.

Toulon s'était livré à l'ennemi : L'amiral Hood avait hautement proclamé qu'il ne venait prendre possession de la ville qu'au nom des Bourbons; que l'intérêt de la famille royale, et non celui du gouvernement britannique, serait consulté dans une guerre que la coalition avait entreprise seulement pour punir des factieux. Une fois maître de Toulon, l'amiral prit un autre langage, ou plutôt ne pouvant changer tout-à coup de face, et ne voulant point éveiller les craintes par ses discours, il fit en silence les préparatifs nécessaires pour assurer sa position. Il répara les fortifications de la ville, les augmenta de plusieurs ouvrages, fit élever des redoutes à l'entrée des gorges d'Ollioules, et jeta des garnisons dans les petits forts qui entourent la ville du côté de la terre. Bientôt la garnison fut considérable, des détachemens de troupes anglaises, sardes, espagnoles et napolitaines entrèrent dans Toulon et se disposèrent à repousser les assiégeans. Ce fut alors que l'amiral ennemi s'opposa au départ d'une députation que les habitans royalistes voulaient envoyer à S. A. R. Monsieur, comte de Provence, pour l'engager à venir, afin d'affermir toutes les incertitudes par sa présence. Ce refus ne laissa plus de doute sur les intentions perfides d'un allié peu généreux.

Sur ces entrefaites arriva devant Toulon le

général Cartaux : retenu long-temps devant Marseille, où ses troupes intimidaient par leur présence une foule d'hommes prêts à secouer le joug tyrannique des conventionnels, il ne put se présenter sous cette ville qu'après que l'ennemi eut pris toutes ses dispositions. Il n'avait amené que trois mille hommes, et ces deux causes réunies auraient dû le détourner d'une attaque aussi téméraire que hasardeuse. Cependant, à la demande des commissaires conventionnels, il se jeta, le 7 septembre, sur les postes d'Ollioules : l'attaque fut vive, l'ennemi conserva ses retranchemens, répondit à ce premier appel avec un grand courage. Cartaux sentit son infériorité, et n'ayant point assez de monde sous ses ordres pour prendre une seconde fois l'initiative, il se contenta d'une vive observation. Bientôt après il fut nommé au commandement des corps qui étaient répandus dans le comté de Nice, et remplacé par les généraux Doppet et Lapoype, auxquels succéda bientôt Dugommier.

Ce général, quand il arriva devant Toulon, ne trouva que les matériaux du succès, mais il restait à les mettre en œuvre : rien n'était fait encore ; les assiégés étaient, à la vérité, maîtres des monts de Brun et de Faron, des hauteurs de Malbousquet; mais pas un boulet n'avait encore été lancé sur la ville, et le blocus n'était pas complet. Il disposa sur-le-champ son armée en deux colonnes. L'une s'étendait depuis le fort Malbousquet jusqu'au promontoire de la petite rade; l'autre depuis la montage de Faron jusqu'au fort Lamalgue. L'officier de génie Marescot, chargé des travaux du siége, étendit ses lignes de contrevallation, de manière à cacher le plus possible la faiblesse de l'armée, et Bonaparte, alors chef de bataillon, commandant en second l'artillerie républicaine, établit des batteries provisoires pour abattre les ouvrages avancés de l'ennemi. Le fort Malbousquet fut canonné le 28 novembre, et répondit par de vives décharges.

Cette batterie, qui commença la première d'inquiéter l'ennemi, était élevée sur la hauteur des arènes. Cette position avantageuse devait nous être d'un grand secours; l'ennemi résolut de s'en emparer. Le 30 novembre, une colonne de 6000 hommes, sortie sans bruit de la ville, vient l'attaquer. La fusillade s'engage; nos bataillons, pris à l'improviste, se déconcertent et fuient épars, lorsque Dugommier, averti par le bruit de la fusillade, que l'ennemi a tenté une sortie, accourt et gourmande les fuyards : nos soldats rougissent devant leur général d'avoir pu désespérer du succès; ils reviennent à la charge, et, soutenus par des renforts que les postes voisins leur envoient, ils opèrent des prodiges de bravoure. Les Anglais, à leur tour effrayés, lâchent pied et sont repoussés bientôt du terrain qu'ils avaient occupé : les nôtres rentrent dans nos retranchemens, et l'ennemi, abandonnant ses morts et ses prisonniers, se réfugie sous le fort Malbousquet, qui chaque jour devenait plus redoutable par le soin qu'on mettait à le fortifier.

Une redoute appelée la redoute anglaise, et placée vis-à-vis le village de la Seine, donnait de plus graves inquiétudes. Les soldats l'avaient surnommée le *Petit Gibraltar;* elle était puissamment fortifiée. Le 14 décembre, le général Dugommier alla le reconnaître. Les commandans Bonaparte et Marescot l'accompagnaient: on arrêta que le lendemain les batteries recommençant leur feu avec plus d'ardeur qu'auparavant, une colonne attaquerait de front la redoute anglaise, tandis que deux autres tiendraient en échec les forts de Malbousquet et de Saint-Antoine.

Le 16, on fit toutes les dispositions nécessaires pour une attaque générale, et le 17, à une heure du matin, on fut aux prises. La redoute anglaise fut attaquée par deux divisions que l'on avait destinées à marcher sur d'autres points. Des épaulemens d'une élévation prodigieuse, des batteries bien distribuées et bien servies, des palissades nombreuses et des fossés profonds semblaient rendre cette position inexpugnable. Les boulets et la mitraille renversent les assiégeans ; ils reviennent avec plus d'ardeur à la charge, arrivent jusqu'aux embrasures et se jettent sur le plateau au moment où les canons revenaient sur eux-mêmes. Ici le combat devient encore plus meurtrier. Les coups que frappent les combattans sont tous mortels. Une fusillade qui part tout-à-coup de la seconde enceinte force enfin nos soldats de se retirer par les embrasures qui leur avaient ouvert le passage : cependant ils reviennent bientôt, résolus d'emporter la redoute ou de mourir dans les retranchemens : une seconde fois ils restent maîtres de l'épaulement, et le drapeau tricolore flotte sur la redoute : les traverses sont renversées, et les canonniers anglais égorgés sur leurs canons. Un violent orage, qui avait duré toute la nuit, augmenta les horreurs du combat; la foudre ne cessa point de mêler ses affreuses détonations à celles de l'artillerie.

Le matin, l'ennemi perdit encore les forts de l'Eguillette et de Balagnier, où il s'était retiré. Le général Dugommier emporta lui-même ces positions à la tête de ses bataillons. Cet engagement fut peu meurtrier, l'ennemi ne nous ayant opposé qu'une faible résistance.

Ces différens avantages furent bientôt suivis d'autres plus importans encore. A l'est, le général Lapoype s'empara de la Croix-Faron et du pas de Leidet : son corps, divisé en deux colonnes, exécuta cette opération avec une précision remarquable : devant la place, les généraux Mouret et Garnier prirent à l'ennemi la redoute Saint-André, les forts des Poucets, le redoutable poste de Malbousquet et le camp Saint-Elme. Ce fut dans une de ces affaires que Bonaparte contracta une maladie qui lui fut souvent reprochée, comme si les rois étaient exempts de toutes les misères de l'humanité, et comme si l'on devait rejeter sur l'objet de sa haîne la faute des circonstances. Dans une des batteries, deux canonniers tombèrent frappés d'un boulet; Bonaparte, qui se trouvait à côté de la pièce, saisit le refouloir des mains d'un des mourans, ce canonnier était infecté d'une maladie dont le commandant fut bientôt atteint. C'est ainsi qu'un mal honteux, reçu à la défense de la patrie, peut devenir honorable.

Toulon était dans la plus grande consternation; les alliés n'étaient plus du même avis; les uns voulaient résister jusqu'à ce que l'ennemi parût sur la brèche, les autres penchaient pour la capitulation. Les Anglais, déjà déterminés à céder Toulon, mirent le feu aux magasins, à l'arsenal, aux vaisseaux anglais qu'ils ne pouvaient emmener; ce furent des forçats qui arrêtèrent les progrès de l'incendie: le parallèle n'est pas avantageux pour la nation anglaise. Quelques chefs du parti royaliste accompagnèrent l'étranger dans sa fuite, et montèrent sur ses bâtimens; d'autres s'efforcèrent de les rejoindre à la nage, périrent à la vue du port, et des troupes entrèrent dans la ville le 19 décembre au matin.

On trouva dans la rade 39 vaisseaux échappés à la fureur de l'ennemi; on les mit à l'abri de tout danger de la part des mécontens.

Ceux qui avaient partagé l'insurrection avaient devant les yeux un exemple effrayant dans les supplices de Marseille, et le désespoir pouvant les pousser jusqu'à la fureur, il était à craindre qu'ils ne voulussent vendre chèrement une vie qu'ils regardaient comme sacrifiée. La prudence exigeait qu'on les assurât, et c'était encore là une de ces circonstances où le pardon devient un acte de politique. Aussi le vainqueur de Toulon, le brave Dugommier, prit devant les députés de la convention le parti des insurgés qu'il venait de vaincre. « Qui prétendez-vous punir, leur demanda-t-il? Les coupables ont fui sur la flotte anglaise, et s'il en reste dans ces murs, attendez pour les frapper que le calme soit rétabli : si vous précipitez le jour de la justice, toutes les passions, profitant du tumulte, choisiront leurs victimes, et au lieu de la justice, la France et l'Europe entière, ne voudront plus connaître que la vengeance. » Ce discours, plein de vérité et d'énergie, n'arrêta point dans leurs criminelles intentions des hommes qui voyaient toujours la hache révolutionnaire prête à les atteindre s'ils ne l'occupaient en lui désignant des victimes.

Le 22 décembre de la même année, des événemens d'un intérêt majeur, fixèrent de nouveau l'attention des Français sur les opérations de l'armée des Pyrénées orientales.

Après les affaires de Ville-Longue, de Ceret, les Espagnols s'étendirent sur la frontière de la France. Leur général en chef Ricardos manifesta l'intention de s'emparer du fort Saint-Elme, de Port-Vendre et de Collioure. Il chargea le général la Cuesta de l'attaque de ces places, et fit en même temps marcher sur la ligne française le marquis Las-Amarillas.

Quatre mamelons qui forment une chaîne depuis la tour du Diable jusqu'à la mer, et qui couvrent les trois places que nous venons de nommer, étaient occupés par les Français.

Quatre pièces de canon défendaient la position; des parapets à banquette placés dans les intervalles, s'opposaient à ce qu'elle fût tournée : ces hauteurs furent attaquées par l'ennemi le 19 : deux ou trois bataillons que les Français avaient placés en observation, le reçurent avec des fusillades qui lui tuèrent un grand nombre d'hommes, mais il avança sous le feu, et les Français, pour répondre à cette marche offensive, prirent aussitôt une position centrale. Les Espagnols furent reçus avec une intrépidité égale à celle qu'ils déployèrent eux-mêmes. Des deux côtés on vit les plus beaux faits d'armes. Le général la Cuesta fut bientôt obligé de faire avancer sa réserve. Le combat devint plus sanglant encore. La cavalerie ennemie, qui était restée en ligne, déboucha dans ce moment : l'infanterie française lui présenta un mur d'airain. La victoire penchait de notre côté, quand tout-à-coup notre droite fut épouvantée et va, de sa déroute, effrayer le centre qui résistait encore, et la gauche qui n'avait pas reculé d'un pas. Le désordre se répand alors dans nos rangs, qui tourbillonnent sous le feu de l'ennemi. En vain le conventionnel Faure cherche-t-il à rallier les fuyards, il ne peut éviter une défaite ; mais, aimant mieux mourir que se rendre, il cherche, et rencontre au milieu des lignes espagnoles, un trépas glorieux.

Le général la Cuesta ne s'arrête point, et, pour recueillir quelque fruit de sa victoire, il se précipite sur les bataillons épars, qui se retirent en toute hâte sur Port-Vendre et sur Saint-Elme. Il marche lui-même, avec le reste de sa division, sur Saint-Elme, tandis qu'il fait manœuvrer sa droite sur Port-Vendre ; alors un traître à la nation française, Dufour, commandant de Saint-Elme, tourne contre ses concitoyens son artillerie, et les accable dans leur désastre. Les Espagnols entrent dans la ville, dont il ouvre les portes: les Français qui survivent à la déroute reforment leurs rangs sous les batteries de Collioure.

Les bataillons français qui s'étaient rassemblés sous Port-Vendre sont tournés, débusqués de leurs positions, et repoussés aussi sur Collioure. Le commandant de la place, effrayé par ce revers, oublie combien la position qu'il garde est importante, et ouvre ses portes à l'ennemi.

La nuit survint, et l'on remit au lendemain à continuer les opérations de la veille: la Cuesta voulut emporter la place sans coup férir, et intimider les habitans par la vue de ses moyens militaires, ce plan lui réussit. Les bourgeois n'osant compter sur des troupes qui venaient d'essuyer une double défaite, consentirent à capituler. Cette nouvelle, agréable pour le général espagnol, lui fut reportée par son premier parlementaire. Nos troupes abandonnèrent la place et un retranchement dit de Puig-Oriol, dont la résistance n'était plus possible. Les forts furent évacués, et l'ennemi s'empara de 88 pièces de canon et de nombreux magasins qui lui furent cédés aux termes du traité.

Le général Doppet essayait, pendant ce temps, à opérer une diversion favorable aux assiégeans : il espérait que les trois places vendraient plus chèrement leurs murailles, et, dans cette opinion, il tenta de s'emparer des postes de la Trompette et de Montesquiou : ces retranchemens étaient dégarnis de défenseurs et l'occasion semblait favorable. Les Français marchèrent sur plusieurs colonnes, et le succès parut infaillible. Les Espagnols, déconcertés par l'intrépidité avec laquelle nous avancions sur leurs pièces, perdirent courage et battirent en retraite. Le général Mardos leur envoya de nombreux renforts, ils reprirent le dessus, et les français, chassés de la position qu'ils venaient de prendre, se retirèrent en bon ordre sur Saint-Genis.

La saison était devenue rigoureuse, et les soldats du général Hoche, fatigués des travaux militaires, demandaient un camp d'hiver et des baraques. Le général ne voulnt point se rendre à leurs désirs, mais pour arrêter les mutineries, il déclara que le régiment qui, le premier, avait manifesté son mécontentement, *n'aurait pas l'honneur de mar-*

cher au premier combat. Ce moyen adroit réussit, et les soldats condamné par cet arrêt, demandèrent, les larmes aux yeux, de marcher à l'avant-garde. Le général leur pardonna, et ils vengèrent sur l'ennemi leur honneur qui venait d'être blessé. Le 22 les Prussiens sont attaqués sur les hauteurs de Werdt et de Freschveiller ; un grand nombre de bouches à feu gardaient les redoutes. Le général Hoche parcourt alors les rangs et s'écrie : Camarades, à 600 livres pièce les canons prussiens ! *Adjugé !* répondent les soldats, et ils courent sur les canons la baïonnette en avant. L'artillerie ennemie exerce d'horribles ravages : rien ne déconcerte les assiégeans. La première ligne des redoutes est rompue, les seconds retranchemens sont enlevés et l'on commence à combattre à l'arme blanche. Alors une de nos colonnes débouche sur la gauche, et l'ennemi, à la vue de ce nouveau renfort, change son plan de défense, il affaiblit son centre ; les derniers retranchemens sont envahis. Dix-huit canons et vingt-quatre caissons sont les trophées de cette journée. Les soldats reçoivent le prix des canons qu'ils traînent aux pieds de leur général, au terme de l'enchère que celui-ci a criée avant le combat.

Le général Dubois, qui commandait dans l'assaut le régiment qui réclama la honneurs de l'avant-garde, fut grièvement blessé.

Les Prussiens, poursuivis sur Werdt, se retournèrent, et voulurent résister aux carabiniers et aux hussards. Déjà ils reprenaient quelqu'avantage, quand les dragons vinrent au secours de notre cavalerie, et exécutèrent une charge qui les culbuta. Nous fîmes, dans cette occasion, 1,200 prisonniers, et nous enlevâmes six pièces de canon.

Le 26 décembre des événemens militaires du plus grand intérêt se passèrent sous les murs de Landau. Nous avions long-temps cherché, mais inutilement, à faire lever le blocus de cette place; elle était toujours bloquée par les alliés qui devenaient plus redoutables encore par leur position dans les lignes de Weissembourg. Déjà même plusieurs conférences avaient eu lieu entre le général Wurmser et le général Gilot, commandant la place pour les républicains. Ce dernier, esclave de ses sermens, jura de périr sous les murs de Landau, plutôt que d'en sortir, et refusa d'accepter les propositions d'un ennemi qui mettait toujours en avant l'intérêt des Bourbons et celui de la France, mais dont la bonne foi lui devait être suspecte. Les soldats de la garnison partageaient les sentimens de leur chef, et répondaient par des cris de joie aux appels qu'il faisait à leur bravoure : ils étaient tous décidés à ne sortir de la place que pour marcher sur l'ennemi. Un seul bataillon de volontaires demanda un ordre de marche pour l'intérieur; mais il eut bientôt honte de sa proposition, et partagea le commun esprit. Une première sortie eut lieu sur Guemersheim, tandis que les Prussiens étaient attaqués sur Rixheim. Cette diversion fut utile; on en retira un double avantage : les assiégeans ne doutèrent plus de la résistance qu'on avait annoncé devoir leur être opposée, et les assiégés sentirent quelles étaient leurs ressources.

Alors Gilot fut remplacé par le général Laubadère. Peu de temps après, le prince royal de Prusse, qui se trouvait à la tête d'un corps prussien sous Landau, fit, pendant deux jours, bombarder la ville : l'arsenal fut incendié ; le magasin à poudre sauta, et avec lui un nombre considérable de maisons. Alors une nouvelle députation vint apporter d'autres conditions. Le prince Hohenlohe se présenta en personne dans la place, et fit preuve d'éloquence dans le conseil. Tous ces efforts furent inutiles; le général Laubadère ne fut pas moins courageux que le général Gilot, et le bombardement cessa. L'ennemi n'espérant plus intimider la garnison s'en tint au blocus, qui fut plus que jamais resserré. La ville perdit toutes ses communications, et la plus affreuse famine s'y fit sentir. Pendant ce temps, que faisait le général Hoche? il cherchait à porter du secours aux assiégés, et sans une mauvaise organisation de l'armée qu'il commandait, sans une jalouse opposition de la part des commissaires conventionnels, il eût réussi dans ce plan bien plutôt qu'il ne put le faire. Enfin, nommé général en chef des armées du Rhin et de la Moselle, il fait attaquer l'ennemi sur toute la ligne; et les soldats qui marchent sur Weissembourg apprenant, au commencement de l'attaque, que les Anglais sont chassés de Toulon, jurent tous de ne pas le céder, en hauts faits, à leurs camarades, et de repousser les Prussiens loin de Landau. Le château de Geisberg est attaqué d'abord et le régiment de dragons de Toscane qui le défend est défait par nos bataillons. Sur toute la ligne l'artillerie se fait entendre; le camp de Geisberg, fortement palissadé, est enlevé au pas de charge; les Autrichiens qui étaient à l'abri de ces retranchemens abandonnent leurs caissons, leurs armes, et fuient dans le plus horrible désordre. Sans le prince de Brunswick et ses Prussiens l'Autriche perdait un corps considérable, qui ne se retira sur Bergzabern qu'en traversant mille dangers. Les Prussiens se glorifièrent peut-être du secours que leurs alliés avaient reçu d'eux; et ceux-ci, offensés d'un procédé si peu généreux, se vengèrent en reprochant aux Prussiens d'avoir quitté leur position, et de les avoir, par cette lâcheté, exposés au premier choc des Français. La mésintelligence fut la suite nécessaire d'une telle discussion.

Le lendemain, 27 septembre, Landau ouvrit ses portes : les habitans virent la fin de leurs peines, et se terminer, au profit des armes françaises, un siége dont ils craignaient les horreur. On ne pourrait rapporter tous les tableaux vraiment patriotiques qui parurent alors dans Landau : chaque soldat de la garnison reçut, avec une effusion de cœur vraiment touchante, ses frères d'armes et ses libérateurs.

Des exploits dignes d'être cités signalèrent les Français dans le combat de Geisberg. Voici ceux dont les relations nous ont paru les plus authentiques :

Un bataillon de nouvelles recrues avançait sous des batteries ennemies. Quinze files sont enlevées par les boulets. *Serrons les rangs*, s'écrient ces nouveaux soldats, et ils continuent de marcher sur les pièces. Un tirailleur français tombe blessé sous le feu de l'ennemi, un sergent du bataillon de l'Ain vole à son secours, le prend sur ses épaules, mais lui-même, atteint d'un éclat de mitraille, il tombe à côté de son honorable charge. Un peloton les aperçoit, marche à leur secours, et, pour les arracher à la mort, affronte la fusillade la plus vive. Un hussard du 3e. régiment, attaque seul des canonniers ennemis, occupés à servir leur pièce, les sabre et s'empare du canon. Une compagnie d'artillerie légère se forme en carré, la cavalerie ennemie court sur elle avec confiance, mais elle est à peine à portée du pistolet, que les rangs, entr'ouverts, laissent voir des pièces qui, du milieu du caré, font une horrible décharge. Cette savante manœuvre est suivie d'un plein succès.

On pourrait citer mille autres exemples aussi glorieux que ceux-ci, en sacrifiant la rapidité du récit à l'intérêt des détails. Il nous suffira de dire que les troupes qui marchaient sur Landau ayant été arrêtées pour recevoir une distribution de pain, ces braves soldats refusèrent de la recevoir, et prièrent leurs chefs de ne point interrompre leur marche pour une distribution qui pouvait se faire également bien dans Landau. Ces généreux guerriers se seraient cru coupables s'ils eussent retardé d'un moment la délivrance de leurs frères.

Dans la place on vit éclater le même amour pour la patrie. Un nommé Klée, occupé à couper une communication dans l'arsenal, pendant que deux bâtimens étaient en proie aux flammes, est averti que sa propre maison brûle : « Les bâtimens publics avant les mai- » sons particulières, s'écrie-t-il. » Et il continue à porter des secours avec le même empressement, avec la même présence d'esprit. Sparte montra-t-elle des citoyens plus nobles et plus courageux ?

Quand le duc de Brunswick remporta cette victoire qui semblait lui ouvrir le chemin de Paris, on se rappelle combien fut grande la stupeur des Français, combien fut extrême la joie des émigrés, on n'a qu'à se peindre les émigrés aussi abattus que le furent alors les Français, et ces derniers aussi transportés de joie qu'ils étaient accablés par la douleur, et l'on se fera une juste idée de l'effet que produisit notre entrée dans les lignes de Weissembourg. Déconcerté par nos succès l'ennemi battit plusieurs jours en retraite : Lauterbourg, Kayserlautern tombèrent entre nos mains, et nous y trouvâmes de nombreux et utiles magasins. Le 28 décembre, le général Hoche s'empara de Guemersheim, que l'ennemi évacua à sa vue, et la prise de Spire, qui nous ouvrit ses portes le 29 décembre, rendit notre triomphe complet.

Après la reprise des lignes de Weissembourg, le général Hoche poursuivit les vaincus : les Autrichiens repassèrent le Rhin ; les Prussiens se retirèrent sous Mayence, et le général français prit de telles dispositions qu'il devint maître des évènemens qui devaient suivre, et put changer à son gré le théâtre de la guerre. Il résolut de chasser au-delà du Rhin un parti autrichien, maître du fort Vauban. Il donna à cet effet l'ordre de marcher de ce côté à 30,000 hommes qui campaient entre Wanztenau et Lauterbourg. Le fort était uni à la rive droite du fleuve par un pont ; les Français disposèrent leurs batteries de manière à le couper. Envain les assiégés, effrayés de ces dispositions, firent-ils plusieurs sorties pour s'opposer à leur effet, ils furent repoussés par la baïonnette ; enfin, contraints d'abandonner la place, ils firent sauter une partie des fortifications, et, sans le courage de nos soldats, qui se précipitèrent dans les mines pour éteindre les mèches, c'en était fait du fort. A peine les Français furent-ils maîtres de Vauban qu'ils en relevèrent les fortifications.

Le 5 février 1794 nous combattîmes d'autres ennemis : les Espagnols, inquiétés par un camp, dit des *sans-culottes*, que l'on établissait sous les murs de Saint-Jean-de-Luz, tentèrent plusieurs escarmouches, et en vinrent enfin à une affaire des plus sérieuses.

Ce camp était rempli de nouvelles recrues, et les jeunes soldats étaient ainsi élevés sous les yeux de l'ennemi, sans avoir à redouter, dans leurs retranchemens, les dangers qui menacent les corps en pleine campagne, et sans pouvoir jouir de cette sécurité que trouvent les soldats en garnison dans une ville fortifiée. Ainsi ils s'instruisaient au métier des armes, et ne se trouvaient engagés que dans des combats qu'ils pouvaient soutenir. Trois redoutes défendaient le camp des *sans-culottes*.

Le général Caro, d'après la décision que son conseil avait prise, dispose son monde sur plusieurs colonnes, et marche sur le camp. L'attaque a lieu sur trois points en même temps sur le poste du Calvaire, sur celui d'Urrugne et sur la Croix-aux-Bouquets. C'est la division qui arrive à ce dernier poste qui commence la canonnade. Au premier coup de canon des soldats, détenus pour différentes fautes au fort de *Chauvin - Dragon*, demandent la liberté d'aller combattre; on la leur accorde, et ils opèrent des miracles: rien ne résiste à leur valeur héroïque Des recrues qui venaient d'arriver, et qui n'avaient point encore d'armes, saisissent toutes celles que leur fournit la fureur, et volent sur l'ennemi avec la même intrépidité que des vétérans blanchis sous les armes. Les premiers coups de l'artillerie ennemie jetèrent le désordre dans le camp, mais la lenteur de l'ennemi à fondre sur les retranchemens, donna le temps au général Fregville de prendre toutes ses dispositions: l'habile général savait combien les assaillans lui étaient supérieurs en nombre, il donna l'ordre à ses avant-postes de se replier. Cet ordre fut ponctuellement suivi. Fiers d'une manœuvre qu'ils croyaient nécessitée par la violence de leur attaque, les Espagnols se portèrent sur la redoute, dite *de la Liberté*, comme s'ils n'avaient plus qu'à l'occuper et à faire mettre bas les armes à une garnison rendue. Leur surprise fut extrême, quand ils approchèrent, de voir leurs régimens entiers écrasés sous notre artillerie. Le général Lespinasse, chargé de conduire cette arme, fit preuve de la plus grande habileté et du plus grand courage; lui-même il marcha à côté des simples canonniers, pointa plusieurs pièces, et donna ses ordres au milieu de la mitraille et des boulets.

Plusieurs traits nobles et généreux signalèrent des soldats du camp des *sans-culottes*. Un caporal du 1er. bataillon de la 5e. demi-brigade d'infanterie légère est fait prisonnier par quatre espagnols; conduit par eux, il saute sur la baïonnette d'un de ses vainqueurs, le tue, étend deux des autres à côté de lui, et ramène le quatrième au camp, en le tenant au collet. Un sergent du 2e. bataillon du Tarn, nommé Dougados, tombe percé d'une balle de fusil, ses camarades volent à son secours: « Retournez à l'ennemi, leur dit-il, la patrie » avant moi! »

Le combat continue avec un acharnement dont on trouve peu d'exemples. Plusieurs postes sont repris par les Français. Un adjudant-major du 4e. bataillon des Landes marchait pour reprendre le poste de la Mazure que l'ennemi venait d'occuper, quand une balle lui traverse la cuisse. Il ne songe point à sa blessure que le poste ne soit enlevé. Alors le chef de bataillon veut lui donner deux soldats pour l'aider à marcher : « Non, mon commandant, répond-» il, ils seront plus utiles au combat, laissez-» moi me retirer comme je pourrai. »

On se battait depuis huit heures, et nous étions rentrés dans toutes nos positions. Les Espagnols ne tardèrent point à s'éloigner ; ils laissèrent un grand nombre de prisonniers, beaucoup des leurs restèrent aussi sur le champ de bataille. La perte fut moins grande de notre côté, puisque nous étions à l'abri des retranchemens.

Des trophées aussi glorieux ne purent soustraire le général Hoche à la persécution : dans ces temps malheureux où le patriotisme était puni par ceux-là même qui se disaient les défenseurs de la patrie, le général vainqueur rentrait à Paris, non pour recevoir les honneurs du triomphe, mais pour être plongé dans les cachots de la Conciergerie. Tel fut le sort du malheureux Hoche. Le général Jourdan le remplaça. Comme lui, il avait été appelé à la bare de la convention ; mais il était parvenu à conjurer l'orage. L'armée sans chef pendant quelque temps, ou commandée par un nouveau général qui avait besoin de prendre, avant d'agir, connaissance du terrain, n'exécuta que des manœuvres peu intéressantes, et n'entreprit que de légères escarmouches. Le 17, cependant, on marcha sur Arlon. Le général Jourdan conduisit lui-même cette attaque, tandis que le général Vincent enlevait les hauteurs de Mertzig. Notre avant-garde et notre artillerie légère eurent très-peu de succès ce premier jour. L'artillerie qui garnissait les retranchemens d'Arlon était forte et bien servie.

Le 18, tous nos corps étant réunis, on attaqua l'ennemi sur toute la ligne, et l'on s'étonna de trouver si peu de résistance, en réfléchissant à celle qu'on avait rencontrée la veille. Les Autrichiens, chassés d'Arlon, furent poursuivis deux lieues au-delà par notre artillerie. Arlon resta sous le commandement du général Hatry.

Le chef de bataillon Chasseloup, officier du génie, rendit les plus importans services à l'armée dans cet assaut. Une attaque de cette même ville, où il s'était trouvé l'année précédente, l'avait mis à même de connaître les endroits forts ou faibles de la place.

Les ennemis résolurent alors de pénétrer en France par la Picardie. Ils envoyèrent 20,000 Hessois et Anglais en Vendée pour opérer une diversion, et se dirigèrent sur Landrecies. Pichegru, à l'entrée de cette nouvelle campagne, fut chargé de s'opposer à leurs desseins ; il fit sortir des quartiers d'hiver toutes les troupes qu'on mit à sa disposition, et établit une ligne et plusieurs camps. Les pluies avaient rendu les chemins impraticables ; le 16 avril le temps changea et les opérations commencèrent.

Le lendemain, l'armée française était presque toute rassemblée entre Landrecies et Guise; l'ennemi se porta sur huit points à la fois : Castillon, Naves, Crévecœur, Grandpleu, Bohain, Cambray, Prémont et Mazinquet furent occupés au même moment. Les divisions françaises se retirèrent d'abord ; mais le 20 elles marchèrent en avant, et repoussèrent l'ennemi de tous les postes dont il s'était emparé sur la gauche de Guise : Bohain, Prémont, Estreux et Venerolles rentrèrent sous nos drapeaux. Le 24, Cambray et Bouchain-sur-Villers-en-Cauchies, tombèrent aussi en notre pouvoir, après un combat sanglant.

Les carabiniers et le 6e. de hussards se distinguèrent dans cette dernière affaire. Un léger désordre, causé par la malveillance, manqua de faire perdre tout le fruit de ces glorieuses journées. Pichegru fit fusiller, dans Cambray, des charretiers d'artillerie qui furent jugés coupables du crime de *lèze-patrie*.

Le Général Pichegru désespérait encore de délivrer Landrecies, et, dans l'impossibilité de faire lever le siége en agissant d'une manière directe, on prétend qu'il inventa cette diversion en Flandre, que d'autres attribuent aux membres du comité de salut public; quoi qu'il en soit, il fila avec 4 mille hommes entre la mer et l'armée ennemie, et le succès couronna une entreprise qui sera toujours désavouée par la prudence.

Dans le même moment il y eut à Bossut un combat de cavalerie, où des forces à-peu-près égales se disputèrent le succès avec une même ardeur. Le général Charbonnier opéra sa jonction avec l'armée du Nord, aussitôt après que nous eûmes enlevé les hauteurs de Bossut. Pendant qu'on se battait sur ce point, le général Chapuis éprouvait un cruel échec à Trois-Ville. Les cuirassiers de Zeschwitz, commandés par le prince Schwazemberg, et soutenus par des troupes anglaises, nous enlevèrent dans ce combat, qu'on appelle encore de Castillon, 4000 hommes et 35 canons.

Le général Chapuis fut aussi fait prisonnier ; l'ennemi trouva sur lui des instructions du général Pichegru : il apprit quel but on se proposait en marchant en Flandre. Pour répondre à ce mouvement il envoya quelques légers secours au général Clairfait, mais ne voulut point abandonner le siége de Landrecies, qui, complettement bloquée depuis le 17 avril, fut bombardée avec la plus grande activité. La garnison déploya une valeur vraiment héroïque, mais tout fut incendié, le moulin à poudre sauta, et tous les magasins furent la proie des flammes. Le 30 avril la reddition de la place fut signée.

Landrecies une fois rendue aux ennemis, un plan d'attaque fut dirigé contre le général Pichegru et nommé *plan de destruction*, par l'espérance qu'on avait d'exterminer l'armée française.

Deux événemens aussi heureux que glorieux terminèrent cette campagne. La bataille de Tourcoing couronna la plupart de nos généraux d'immortels lauriers. On vit que la présence d'un général en chef n'était pas indispensablement nécessaire, et que ceux qui commandaient en second savaient au besoin éviter un ennemi trop nombreux ou l'attaquer et le vaincre. Après plusieurs mouvemens que nous rapporterions, si le plan de notre ouvrage appartenait d'avantage à la tactique militaire, les deux armées s'étaient trouvées en présence près de Tourcoing ; les Français au nombre de 60,000 hommes, les coalisés au nombre de 90,000. Le combat dura long-temps, et le sang coula en abondance. Le carnage porté dans tous les rangs n'en laissa point d'intacts. Enfin, après des pertes considérables, l'ennemi rétrograda, et les Français entrèrent à Tourcoing.

Les généraux ennemis, vaincus devant Tourcoing, sont: l'archiduc Charles, le duc d'Yorck, les géneraux Kinsky, Wurmser et Clairfait.

Les généraux français vainqueurs : Bonneau, Souham, Macdonald et Moreau, qui jeta dans cette journée les premiers fondemens d'une gloire militaire, que par la suite il devait ternir.

Le fort Saint-Elme fut attaqué peu de jours après par l'armée des Pyrénées-Orientales. Des batteries furent portées à bras et traînées comme nous l'avons vu souvent, à travers les rochers et les précipices. Elles incommodèrent l'ennemi pendant plusieurs jours, et les pièces étant à la fin pointées avec une étonnante adresse, les fortifications du fort Saint-Elme ne furent bientôt plus qu'un monceau de ruines. Alors l'ennemi sortit de ses retranchemens et se jeta dans Collioure, où venaient d'entrer quelques cents hommes chassés de Port-Vendre. Collioure fut attaqué et se rendit bientôt à la discrétion des républicains. Ce fut après ces succès que le roi de Prusse écrivit à l'empereur d'Autriche une lèttre où se trouvait cette phrase :

Il est impossible de sauver votre territoire de l'invasion : les Français ont des armées toujours renaissantes ; et ne vous y trompez pas, leurs généraux ont une bonne tactique qui déconcerte la nôtre et la met toujours en défaut.

Au moment où le général Dugommier entra dans Collioure, cette place renfermait encore de malheureux vieillards de Baynuls-la-Maizo, que les Espagnols avaient jetés dans les cachots pour avoir défendu, en 1793, le sol de la patrie avec un héroïsme vraiment national : un décret de la convention leur rendit la liberté, leur assura des récompenses ; il fut aussi décrété que sur la place de Collioure serait élevé un obélisque de granit où on lirait ces mots :

Ici sept mille Espagnols déposèrent les armes devant les républicains, et rendirent à la valeur ce qu'ils tenaient de la trahison.

CHAPITRE VII.

Opérations des troupes françaises en Espagne. — Prise de Campredon, combats de Toulon, de Céret, d'Urge et de Belver. — Un coup d'œil rapide sur nos succès en Belgique. — Quelques combats parmi lesquels ceux de Furnes, de Courtray. — Quelques engagemens en avant de Menin. — Prise de cette ville. — Affaire de Pont-Achin. — Combats en Allemagne, à Bliescastel, Schifferstadt et Kayserlautern.

Nous avons vu les Espagnols, après une alternative de succès et de revers, remporter enfin quelques avantages et se rendre maîtres de Truillas. Suivons le cours de leurs opérations militaires, et examinons maintenant s'ils ont su mettre à profit leurs victoires.

Après la perte de Truillas, les chefs du gouvernement s'aperçurent que le général Dagobert n'avait point sous ses ordres des forces assez imposantes. Ils lui envoyèrent des renforts. Alors les soldats français reprirent l'initiative. Les Espagnols furent chassés du camp d'Argeles et atteints le 3, aux environs de Campredon ; ils se renfermèrent précipitamment dans les remparts de cette ville, et se disposèrent à faire jouer l'artillerie. Un trompette, qui s'approchait des murs comme parlementaire, est renvoyé. Dagobert envoie à sa place un déserteur espagnol, et, par ce choix, il n'expose plus à la mauvaise foi de l'ennemi qu'un coupable. Celui-ci est reçu ; on l'écoute ; on demande vingt-quatre heures ; on promet d'éteindre les batteries jusqu'au terme expiré. Cette promesse n'est point gardée par des ennemis qui avaient commencé par violer le droit des gens : Dagobert ordonne en conséquence la canonnade; les Espagnols évacuent Campredon pendant la nuit, et les Français y entrent le lendemain, la baïonnette en avant. Quelques trainards pillent la ville, dont tous les riches propriétaires étaient sortis, et qui ne pouvaient fournir d'impôt de guerre. Le reste de l'armée poursuit les vainqueurs de Truillas ; sur le chemin de Ripol, et revient prendre position à Campredon.

La cour de Madrid ne vit pas, sans un

sentiment de frayeur, les avantages que venait d'obtenir Dagobert; elle apprit que ce général avait reçu de l'intérieur plusieurs détachemens, elle envoya des renforts à Ricardos. Dans ce même moment, le général Turreau remplaça Dagobert dans le commandement de l'armée des Pyrénées-Orientales.

Ce nouveau chef n'arriva point à l'armée avec ces intentions d'amour-propre, qui acompagnent presque toujours un homme appelé à un remplacement : beaucoup, en semblable circonstance, eussent changé le plan d'attaque, tout modifié, tout bouleversé, non pour faire mieux, mais pour faire autrement que leur prédécesseur; Turreau ne sacrifia point à une vanité ridicule, l'intérêt de sa patrie, il trouva quelqu'avantage à suivre la route que lui avait tracée Dagobert, il la suivit.

Le général Ricardos, battu dans plusieurs engagemens, semblait disposé à une affaire plus décisive, et rassemblait toutes ses forces sur Boulou. Le général Turreau suivit ses mouvemens, et, de son côté, se tint prêt à tout événement. Il attendit quelques jours le signal, et l'ennemi ne l'offrant pas, il résolut de le donner. Le 14, il remet les instructions nécessaires à ses officiers, et, sur les dix heures du soir, ceux-ci marchent vers le camp de Boulon, dans le plus grand silence. Six colonnes s'offrent au même moment, sur six points différens. Le choc est terrible! La droite des Espagnols ne tarde pas à plier. Les Français feignent de vouloir la poursuivre, mais lorsque le général Ricardos, rassemblant toute son attention sur ce point, vient pour la soutenir, nos brigades se jettent sur Montesquiou. Ce village avait été désigné comme le point central où devaient tendre tous les efforts. Ricardos se reporte de ce côté, et la droite de l'ennemi reprend une contenance plus ferme; la gauche est alors attaquée, et dans le même moment soutenue. Le combat devient plus meurtrier, parce qu'il est plus incertain. Une batterie, placée à la gauche de l'ennemi sur un plateau, portant pour nom *el-Pla-del-Rey*, protége sa position et renverse des lignes entières dans nos bataillons. L'ordre est donné de l'enlever à la baïonnette; aussitôt le plateau est couvert de morts: sept fois les Français vainqueurs se rendent maîtres des batteries, sept fois ils sont renversés du plateau, et écrasés par le feu des fusillades. La nuit, de plus en plus sombre, rendait plus difficile la position de chaque parti: on ne savait plus ce qu'on devait résoudre. On se battait cependant encore, et, après un assaut plus sanglant que les précédens, les Français remontèrent sur le plateau, que les Espagnols reprirent pour la huitième fois, au milieu de la nuit.

La canonnade, sur le camp de Boulon, n'avait procuré aucun avantage marquant : le général Turreau la fit cesser ; il ordonna de sonner la retraite, et se retira au lieu d'exterminer un ennemi qui n'avait plus de forces à lui opposer. Au reste, cette conduite n'était point répréhensible, il ne pouvait dans l'obscurité, apprécier le nombre réel de ses ennemis, et il devait se souvenir que la première vertu d'un général, *c'est la prudence*.

Il serait difficile de dire de quel côté fut la victoire ; mais ce qui est certain, c'est que dans les combats partiels qui suivirent cette journée, l'ennemi eut toujours le dessous. Le général Turreau lui fit éprouver plusieurs pertes successives, et le forçant sans cesse à se reployer sur lui-même, il le tint presque cerné. Une seule ville, Céret, lui restait encore pour entretenir ses communications avec l'Espagne ; il était important de l'en chasser et d'y établir un poste français.

Le général Turreau sentit quels avantages offrait une telle mesure, et il en pressa l'exécution. Le 26 novembre, à sept heures du matin, il se présenta devant Céret à la tête d'une division, tandis que le comte de l'Union, commandant de la place, était sorti pour soutenir un de ses avant-postes attaqué par diversion. La redoute de la place était remplie de Portugais qui la cédèrent au premier mouvement de notre artillerie. Le comte de l'Union revint bientôt, s'il eut tardé un seul moment encore, il eut trouvé nos soldats dans Céret. Ce retour changea tout-à-coup la face des choses : Céret fut gardé par des divisions portugaises, et le comte de l'Union reprit la redoute à la tête de ses bandes espagnoles. Ainsi, toujours victorieux, même en nombre inférieur, dans les combats de rencontre, nous le cédions à l'ennemi dans les affaires générales.

L'affaire de Céret eut des suites fâcheuses, en ce qu'elle affaiblit pour quelque temps la confiance des soldats républicains, et accrut l'espoir des ennemis. Le général Courten fut envoyé dix jours après sur Ville-Longue, avec ordre de l'enlever à la baïonnette : nos généraux surpris d'une attaque à laquelle ils étaient loin de s'attendre, cèdent Ville-Longue, et se retirent sur Argèles.

En 1794, les opérations furent reprises en Espagne. Le général Dagobert rentra dans son ancien commandement, et attaqua, sur Belver, les Espagnols qu'il venait d'y pousser lui-même. Le général envoya une colonne sur cette place, de manière qu'elle y arriva, le 7 avril, à la chute du jour. Une autre qui devait la soutenir dans l'assaut, s'égara : l'attaque fut vigoureuse ; l'ennemi environné de canons, fort déjà par le terrain, opposa une assez longue résistance. Enfin, il sortit de Céret, et après avoir fait sauté un moulin à poudres près du pont de Bart, il abandonna la tête de ce pont. Urge, située dans un petit vallon, est à peu de distance de Céret ; quelques corps, mis en fuite par nos bataillons, venaient de s'y réfugier, Dagobert crut avantageux de les y poursuivre ; lui-même, il se porta sur ce point, malgré une fièvre lente qui depuis long-temps le consumait : Urge fut attaquée. Les Français éprouvèrent d'abord un échec ; mais bientôt rappelés par la voix de leurs chefs dans le sentier de l'honneur, ils revinrent à la charge, et s'emparèrent d'Urge et de ses magasins.

La forteresse qui commande cette place ne se rendit point, et les Français, pour ne pas rester exposés à ses batteries, prirent loin d'Urge une position plus favorable. Dagobert, toujours malade, se rendit à Puycerda, et se mit au lit. La fièvre fit des progrés rapides, et la France perdit un des plus braves et assurément le plus désintéressé de ses défenseurs. Il mourut pauvre, mais sans reproches. On rendit justice à ses hautes qualités; on fit graver son nom sur une colonne qui se trouve peut-être encore au Panthéon.

Nous avons commencé l'histoire de cette guerre de la première coalition, par le récit de nos revers et de nos succès en Belgique. Le plan que nous avons adopté ayant voulu que plusieurs chapitres fussent placés entre le premier et celui-ci ; nous croyons devoir rétablir la chaîne des faits un moment interrompue, et faire un recit exact des événemens qui se passèrent sur cette partie de nos frontières. Ainsi le lecteur pourra sans peine comparer les deux époques, apprécier les changemens que les circonstances auront amenés, et tirer facilement quelqu'avantage d'une méditation qui, sans ce soin, lui deviendrait pénible.

En rapprochant nos premiers faits d'armes de ceux qui vont les suivre, le lecteur français pourra encore éprouver un sentiment d'orgueil. Nos soldats sacrifiés une fois par l'impéritie d'un commissaire conventionnel, éprouveront encore un échec, mais ils remporteront la victoire, et, par une suite de succès noblement acquis, ils prouveront que la méfiance, et non le défaut de courage, a causé leurs défaites.

Le premier combat, livré en Belgique, fut celui de Quiévrain. Les Français vainqueurs sont soudain saisis d'une terreur panique et abandonnent à l'ennemi les postes et les batteries qu'ils venaient de lui enlever ; ce même sentiment de frayeur se manifeste à Tournay ; la malveillance ébranle la résolution du soldat ; enfin ces cris : *sauve qui peut ! nous sommes trahis !* achèvent de le mettre en déroute, et font d'une retraite, d'abord exécutée avec ordre, une fuite honteuse. Cependant, le courage s'affranchit des entraves qui l'arrêtent, et Luckner s'empare de Courtray.

Dumouriez, dont l'avis fut toujours d'envahir la Belgique, persuade alors aux membres de la convention que ses projets n'ont échoué que par la méfiance des nouvelles recrues, qui n'osaient compter sur leurs chefs ; il assure que ces mêmes soldats, plus aguérris, ne marcheront plus qu'au milieu des trophées, et demande que son plan d'attaque ne soit point changé. Peu de jours après, il prouve par ses actions la justesse de son raisonnement : la célèbre bataille de Jemmapes est livrée, et les hauteurs de ce nom sont enlevées à la baïonnette. La France apprend bientôt que Bruxelles ouvre ses portes au vainqueur de Jemmapes, et les prédictions sont accomplies.

Cette première victoire met entre les mains de nos généraux, 200 pièces d'artillerie, plusieurs milliers de boulets, une quantité considérable de fusils et des magasins immenses.

Tirlemont se rend peu de jours après la déroute de Jemmapes, et Dumouriez entre dans Liége, après avoir chassé 10,000 Autrichiens d'un camp fortement retranché, qu'ils occupaient en avant de cette ville.

La ville de Namur est attaquée dans les premiers jours de décembre ; un de nos généraux entre dans la place, au moment où les mines vont éclater ; il se fait conduire aux fournaux par le général autrichien, qu'il conduit l'épée à la main, et il sauve la place et sa division en arrachant les mèches.

Trêves, Aix-la-Chapelle et Verviers suivent le sort commun, et les Autrichiens sont repoussés au-delà de la Roër. Enfin, après avoir combattu d'abord à Tirlemont, avec quelque désavantage, nous reprenons notre attitude première, et, vaincu à Tirlemont, vaincu à Tongres, l'ennemi est encore défait dans plusieurs autres affaires. Dans la même année 1793, nous marchons sur la ville de Furnes; plusieurs colonnes se présentent, le 31 mai, devant cette ville. L'une, forte de 2500 hommes, sortait de Cassel, sous les ordres du général Stettenhoffen; l'autre, de 1500 hommes environ, était levée du camp de Guiveldt. Furnes était défendue par douze cents hommes d'infanterie allemande et cent hommes de cavalerie. Notre nombre était bien supérieur, et cependant la conquête de cette place offrait encore des difficultés : les retranchemens étaient fortement construits et bien gardés; les pièces de défense en bon état et bien servies, et les habitans, ne partageant l'esprit d'aucun parti, demeuraient entièrement neutres. Ce qui rendait surtout l'entreprise périlleuse, c'était un nombre considérable de tirailleurs autrichiens, qui étaient placés en embuscade, dans un terrain inégal et rempli de coupures. Cependant, les soldats républicains affrontèrent tous les dangers, surmontèrent tous les obstacles, et entrèrent dans Furnes, que les Allemands furent contraints d'évacuer.

Nos troupes furent portées sur d'autres points, et l'hiver, qui fit bientôt sentir sa rigoureuse influence, arrêta pendant quelque temps le cours de nos exploits : ce ne fut que le 30 avril 1794 qu'il se passa, en Belgique, quelqu'événement digne d'être rapporté. Une attaque simulée fut ordonnée sur Denain, et le succès qu'on en attendait fut complet. Le général Clairfait se porta en grande hâte de ce côté, avec une partie de son corps, et donna à nos troupes le temps de s'avancer sur Tournay. Cependant il s'aperçut de sa faute, et, le 28, il revint à Moescroën, et se retrancha aux moulins de Castel. Ce fut le 29 que le général Souham l'attaqua dans cette position. Le choc fut horrible, et les retranchemens furent teints du sang français. L'ennemi eut quelques instans l'avantage ; mais il ne put conserver sa position, et la terrible baïonnette fit encore changer la fortune. Nos régimens se battirent avec acharnement ; l'un d'eux surtout donna les plus beaux exemples de dévouement : on lui avait refusé des canons, parce que, dans une des affaires précédentes, il avait laissé l'ennemi s'emparer des siens. A Castel, il vengea son honneur blessé : il enleva aux Allemands quatre pièces d'artillerie. Moreau, qui soutenait les assiégeans, remporta aussi la victoire sur les hauteurs de Moescroën : il y tailla en pièces une division hanovrienne, que le général Walmoden commandait.

Au combat de Castel, le général Clairfait fut blessé, et l'ennemi perdit un grand nombre de soldats, restés morts sur le champ de bataille; 1200 hommes, qui furent faits prisonniers, trente pièces de canon et quatre drapeaux.

Ce fut ainsi que les coalisés se virent tout-à-coup dans une position critique : ils étaient maîtres du champ de bataille; ils pouvaient, à leur gré, diriger les opérations, forcer nos marches, nos attaques, ils perdirent ces avantages incalculables par une fausse manœuvre.

Nous étions à la vue de Menin, le général Moreau envoya un trompette sommer la place de se rendre. La réponse fut négative, elle ne surprit point les Français : ils savaient qu'il se trouvait dans la ville un grand nombre d'émigrés. Le général Hammerstein, qui commandait la garnison, forte de quatre mille hommes au plus, prit une résolution digne du véritable courage : ne voyant plus aucune ressource, il sortit dans la nuit du 30 avril ; se jeta sur l'endroit le plus faible de notre ligne ; tua tout ce qui s'opposa à son passage, et arriva à Burges, où il entra avec quelques pièces de canon, qu'il nous avait enlevées en passant.

Le lendemain, nous entrâmes dans Menin ; nous y trouvâmes un nombre assez considérable de bouches à feu, des milliers de poudres et de boulets.

Le 10 du mois suivant, un de nos généraux s'empara de Bossut ; un autre marcha sur Thuin, après avoir enlevé à l'arme blanche les retranchemens des Autrichiens en avant de cette ville. Thuin ouvrit ses portes, et notre armée passa la Sambre.

Le général Clairfait voulut alors prendre l'offensive et couvrir la Flandre, par une attaque combinée sur Courtrai. Nous étions maîtres de cette ville, il entreprit de nous en chasser : le 10 mai, profitant d'un mouvement du général Souham sur Dottingies, il redoubla d'ardeur ; mais ses efforts furent inutiles : ses batteries, bientôt éteintes, n'inquiétèrent que peu de temps la garnison, et ses troupes, repoussées au premier choc, ne tentèrent point l'escalade.

Le lendemain, les Français reçurent l'ordre de combattre, et les généraux Malbrank et Macdonald passèrent la Lys, pour prendre l'ennemi à revers. Les soldats républicains ne pouvaient se mettre en bataille qu'ils ne passassent auparavant par deux défilés, que balayait la mitraille de l'ennemi ; de nombreux tirailleurs autrichiens, répandus dans les pièces de bled, rendaient le danger plus grand encore, et le général ennemi croyait, de ce côté, n'avoir rien à craindre. Cependant, malgré tous ces obstacles, nos régimens débouchent dans la plaine, et se forment en bataille ; des boulets enlèvent des rangs entiers ; les soldats français ne voyent point le péril, ils ne regardent que la gloire. On engage bientôt le combat ; de part et d'autre on se bat avec acharnement ; la nuit survient, dix heures sonnent et l'on est encore aux prises. Enfin, le général Clairfait est vaincu ; il fuit le champ de bataille, qui reste couvert de ses morts et de ses blessés.

On ne pourrait peindre l'émulation dont les nouveaux soldats de la république étaient animés ! ils se servirent avec le plus grand succès de la baïonnette et soutinrent avec une intrépidité peu commune, ce genre de combat, qui demande plus que tout autre de l'énergie et du sang-froid. Si le général Macdonald avait opéré sa jonction au moment déterminé, c'en était fait du corps d'armée du général Clairfait ; mais trop fatigués par des marches continuelles, les soldats qu'il commandait ne purent achever le mouvement qui leur était prescrit.

Après s'être emparés de Thuin, les généraux de l'armée des Ardennes avaient passé la Sambre et s'étaient établis à Kaunitz. Alors des députés conventionnels réglaient encore la marche des troupes ; désignaient le genre d'opérations qui devaient être exécutées, et, sur le refus qu'un général faisait de remplir leurs intentions, ils le déclaraient traître à la patrie et le jetaient dans les cachots ou lui arrachaient la vie. Deux de ces proconsuls, Lebas et Saint-Just, commandaient alors l'armée des Ardennes ; Saint-Just surtout voulait être obéi ; il fallait suivre tous ses conseils ; son esprit, naturellement fougueux, était exalté jusqu'au fanatisme; mais ce qui rendait plus dangereux encore le pouvoir dont il était revêtu, c'était la faiblesse du général qui commandait en chef l'armée des Ardennes: brave comme un soldat, mais dépourvu de toutes les connaissances nécessaires à celui qui dirige de grandes opérations, Charbonnier suivait avec un respect aveugle et religieux tout ce que désirait le conventionnel Saint-Just. Ce fut d'après ses ordres qu'il repassa la Sambre, le 20, et prit position vers Merbes-le-château. Le prince de Kaunitz, qui, déjà une fois, nous avait obligés de nous retirer sur l'autre rive, nous attaqua presqu'aussitôt que nous y étions établis. Soutenu par le prince d'Orange, il fit plier notre gauche; notre centre et notre droite allaient aussi lâcher pied quand la division Kléber, avertie par des fuyards, survint et rétablit le combat. Cependant, nous nous reportâmes sur l'autre rive après avoir perdu trois mille hommes. L'impétueux Saint-Just ne s'arrêta point là: il ne balança point de sacrifier le sang français pour venger son amour-propre, et, surpris qu'on ne put exécuter un passage qu'il avait jugé praticable, il donna de nouveaux ordres. La Sambre fut passée cinq fois: mais cinq fois, les autrichiens vainqueurs nous repoussèrent sur l'autre rive. Les soldats, malgré leur courage, nos généraux, malgré leur zèle, ne purent trouver exécutable un plan que l'état des choses rendait impossible.

Le général Pichegru continuait toujours de poursuivre l'ennemi. Après avoir remporté la victoire à Tourcoing, il divisa son corps en trois colonnes, mit à leur tête les généraux Bonneau, Souham et Moreau, et ordonna de marcher vers l'armée ennemie, qui couvrait Tournay d'une ligne étendue depuis Obigies jusqu'à Froyennes. Les trois divisions furent bientôt en présence des troupes coalisées et le combat s'engagea sur-le-champ. Quelques historiens prétendent que l'intention du général Pichegru n'était point d'en venir aux mains, et qu'il ne voulait pousser qu'une forte reconnaissance. Ce qui est certain, c'est que l'affaire dura quinze heures et que peu d'ordres furent envoyés aux troupes. Les soldats agirent plus que leurs officiers. Au reste, le résultat de cette journée sanglante fut presque nul; l'ennemi eut trois mille hommes hors de combat, mais notre perte fut au moins égale à la sienne. Après l'action, qui dura jusqu'à la nuit, l'armée française se retira sur Courtray; Tournai reçut l'armée ennemie.

Cessons pour un moment de suivre nos défenseurs en Belgique, et reprenant le cours des affaires à l'endroit où nous l'avons quitté, voyons quels événemens se passaient en Allemagne.

Les coalisés s'étaient rendus maîtres des lignes de Weissembourg; ils pouvaient après un résultat aussi avantageux, livrer quelque chose au hazard et descendre une fois encore sur notre territoire. Ils eurent moins d'audace et plus de prudence, ils ne songèrent qu'à se fortifier. Les Prussiens se retirèrent sur la Sarre, élevèrent des retranchemens et des batteries. Les Autrichiens en firent autant dans les Vosges, à Freschweiller et à Nider-Brunn. Les troupes françaises étonnées de tant de lenteur, restèrent en observation, et pendant un certain temps toutes les forces semblèrent paralysées.

Ce fut alors que Hoche, que nous avons déjà vu plusieurs fois faire preuve d'habileté et de courage, fut nommé, par le comité de salut public, général en chef de l'armée de la Moselle. Soldat aux gardes françaises, Hoche était passé lieutenant dans le régiment de Rouergue. Devenu aide-de-camp du général Leveneur, il fut fait successivement général, général de division, et général en chef.

Son premier soin, quand il eut pris les rênes du commandement, fut de rétablir dans l'armée une discipline relâchée, de réformer les abus nombreux qui existaient. En effet, dans ce temps de désordre et de confusion, un esprit de licence agitait toutes les têtes et le soldat républicain, toujours brave, souvent généreux, oubliait quelquefois son devoir; un fol orgueil l'énivrait, et il se croyait appelé à punir tout homme qui ne combattait point sous les couleurs nationales. Aussi les habitans des pays occupés par l'armée fuyaient dans les forêts, et les villages abandonnés n'offraient plus aucuns secours aux Français. Quelques paysans moins timides se plaçaient en tirailleurs, et, dans les chemins, au coin des bois, sacrifiaient à la vengeance, les traînards qui tombaient entre leurs mains, lorsque l'armée changeait de position. Le nouveau commandant se fit d'abord aimer du soldat; il lui fut bien facile après de le rendre obéissant. L'ordre reparut, et avec lui l'abondance. Les villages ne se changèrent plus en déserts à l'approche de l'armée, et bientôt les paysans loin de chercher à nuire au soldat, lui apportèrent de leur propre mouvement, des vivres, des habits et des secours de toute espèce. Le soldat plus heureux sentit que si une discipline sévère a ses rigueur, elle a aussi de précieux avantages.

A peine Hoche eut-il rétabli les réglemens militaires dans toute leur vigueur, qu'il se hâta de prouver que la confiance des chefs du Gouvernement était bien placée en sa personne. Le 17 novembre, il attaqua un camp retranché que les Prussiens occupaient sous Bliescastel : la canonnade ne réussit point, l'ennemi avait 25 pièces en batteries. Sans se décourager, le général français fit prendre la baïonnette. Cet ordre seul déconcerta les Prussiens; ils quittèrent les retranchemens au premier assaut, et prirent la fuite. Le colonel d'Anglard, à la tête du 2e régiment de carabiniers, se mit à leur poursuite; il entra dans les carrés qu'ils tentèrent de former, et en tua un grand nombre. Cependant il revint sur l'armée et ne pouvant outre-passer les ordres qu'il avait reçus, il laissa l'ennemi sur la route d'Hombourg où il opérait sa retraite. Cette victoire ouvrit aux Français la ville de de Deux-Ponts qui se rendit quelques jours après.

Le général Hoche ne s'en tint pas là : il

conçut un projet d'une exécution plus vaste. L'ennemi menaçant d'envahir l'Alsace, il prit la détermination de repasser la Sarre en présence des Prussiens et d'aller dégager Landau dont les coalisés faisaient le blocus. Il devait joindre les alliés sur les hauteurs de Kayserslautern, et si cette attaque tournait à son désavantage, battre en retraite du côté de Bitche et rentrer dans ses retranchemens avant que le gros de l'armée ennemie eût pu l'atteindre. Des corps saxo-prussiens occupaient une ligne étendue sur les rives de la Lauter, et poussaient des reconnaissances dans les défilés de Turckheim. Une des divisions de l'armée française qui avait été partagée, par son général, en trois colonnes, se présenta à Volgelvech et fit reculer l'avant-garde prussienne. Dans le même moment, le duc de Brunswick fut obligé de changer de position et de repasser le ruisseau de Kultbach, les deux autres colonnes s'étant avancées sur ses derrières. Le général Kalkreuth qui gardait Otterbach fut aussi contraint d'en sortir le lendemain, débusqué de cette position par le gros de l'armée française.

Le général commença l'attaque par l'aîle gauche de l'armée coalisée. L'infanterie prussienne fut d'abord enfoncée, des escadrons saxons vinrent la soutenir, et notre cavalerie repoussée eut quelque peine à maintenir la victoire indécise. Pendant ce temps, une de nos divisions qui avait passé Erlebach, s'approchait de la droite des Prussiens et des batteries que nous avions établies à Otterberg, canonnaient leur centre sur Morlautern. Ces différentes attaques furent dirigées avec habileté, entreprises avec ardeur, soutenues avec courage; mais la cavalerie ennemie détruisit tout l'effet qu'on pouvait en attendre, et le combat se termina sans qu'aucun des deux partis put se glorifier du triomphe.

Le 29, on en vint une deuxième fois aux mains : nous fûmes encore repoussés, et si le général Hoche n'avait opéré promptement un mouvement rétrograde, un corps de réserve prussien eut pris à revers le centre de l'armée française. Cette seconde tentative plus meurtrière encore que la précédente, fut aussi stérile en résultats. Les troupes étaient fatiguées, et la retraite étant le seul moyen de salut qui restât, le général français fut assez prudent pour l'employer, les ennemis, quoique bien supérieurs en nombre, n'osèrent point troubler ses dispositions.

Les membres de la convention accablèrent de reproches celui qu'ils avaient comblé d'éloges ; ils firent même des menaces au général malheureux. « *Eh ! messieurs* , leur répondit » Hoche en souriant, *que ne faisiez-vous* » *un arrêté pour fixer la victoire ? Au reste* » *un échec ne prouve point que nous devons* » *vivre dans les revers : aujourd'hui vaincus,* « *nous pouvons demain être vainqueurs !* »

Si nous ne voulons pas détourner les yeux de ce point, et voir quels combats furent livrés par la suite en Allemagne, il faut nous reporter à la fin de mai 1794. Depuis l'ouverture de la campagne jusqu'à cette époque, les armées française et coalisée restèrent dans une mutuelle observation, et ce ne fut que le 23 mai que l'on se battit à Schifferstadt. Voici quelles étaient alors les positions des deux armées.

L'armée française s'étendait sur une ligne qui, partant de Neustadt, avait Rehut pour limite. Le général Desaix, qui commandait la droite, s'appuyait au Rhin, vers Schifferstadt; la gauche était en avant de Neustadt, quelques corps établissaient une communication avec l'armée de la Moselle et des divisions occupaient Kayserslautern et Tholey.

Par contre, l'armée des alliés se déployait entre Alzey et Mertzig, liée de ce côté par quelques corps avec le général Blankenstein. Les Autrichiens occupaient tout le terrain depuis Mayence jusqu'à Bâle, et le corps du prince de Condé, qui formait le centre, était à Rastadt.

Le maréchal Möllendorf, qui dirigeait les forces prussiennes, devait agir de concert avec le prince Hohenlohe-Kirchberg. Le 23 mai, notre droite fut attaquée par un corps autrichien; un corps prussien s'avança sur Neustadt; ces deux tentatives ne servirent qu'à faire tuer quelques hommes de part et d'autre. Cependant l'attaque est renouvelée sur la droite, et le général Desaix est obligé, pour soutenir les assaillans, d'employer sa réserve. Interrogé par un officier, qui lui demande ce qu'il ordonne, il répond brusquement : *La retraite de l'ennemi.* Cet ordre fut exécuté.

Cependant on cherchait à tourner notre droite et Kayserslautern était menacé par le maréchal Möllendorf; le général Lambert, qui commandait cette position, rappela ses avant-postes, et, après une résistance de quatre heures, se retira en bon ordre par les gorges de Tripstadt et de Pirmasens. Une compagnie d'artillerie fut cependant sabrée par l'ennemi. Les braves cannoniers ne voulurent point rendre leurs pièces, ils aimèrent mieux périr que se rendre prisonniers. Sur les autres points, les soldats républicains furent aussi contrains de se replier, et l'armée du Rhin, toute entière, se retira les jours suivans sur Guermersheim et Landau.

CHAPITRE VIII.

Combat naval contre l'amiral Howe. — Affaire de la Croix-des-Bouquets. — Combat d'Arquinzun. — Sortie des alliés de Landrécies. — Prise de Bastia en Corse. — Siége de Calvi. — Combat de la vallée de Bastan. — Combat de Saint-Laurent-de-la-Mouga. — Reprise du Quesnoy et de Valenciennes sur les alliés. — Reddition de Condé. — Reprise de Bellegarde.

Il est une vérité qui doit être aujourd'hui reconnue, même des Français qui aiment le plus ardemment leur pays : Que la marine anglaise est supérieure à la nôtre. En effet, quelques victoires que nos amiraux aient remportées, quelques redoutables qu'aient été nos flottes à certaines époques, cette arme, trop souvent négligée, n'a point brillé chez nous d'un constant éclat ; elle a été soumise à des alternatives de gloire et d'oubli; la marine anglaise au contraire, toujours forte, toujours exercée, a présenté, dans tous les temps des flottes nombreuses, aguéries, et a exercé la suprématie sur toutes les mers. La position respective des deux peuples donne la cause de cette différence. La France, souvent attaquée par les nations du continent, à dû oublier quelquefois sa marine et ses ports pour équiper des armées de terre, et faire face au danger présent; tandis que l'Angleterre, de tous côtés circonscrite par la mer, n'avait à soutenir que des combats maritimes et devait naturellement rassembler, sur ses vaisseaux, toutes ses ressources et tous ses moyens. Les Anglais eurent toujours de vieux marins, parce que la marine fut toujours en honneur dans leur île. Les Français mirent souvent des jeunes gens à la tête de leurs flottes, parce qu'il leur arriva plusieurs fois de ne songer à relever l'honneur de leur pavillon qu'au moment où il fallait tout reconstruire. Aussi qu'arriva-t-il, dans bien des circonstances? que ce choix différent dans les chefs valut aux Anglais des triomphes qu'à force égale notre courage eût remportés. Nos jeunes officiciers de marine, doués de cette impétueuse activité qui distingue l'homme dans la vigueur de l'âge, attaquaient avec une valeur sans égale ; mais, inhabiles dans les manœuvres, ils se trouvaient bientôt placés dans une fausse position, et il ne leur restait plus qu'à vendre chèrement leur vie ; réduits à une telle extrêmité, ils sauvaient quelquefois l'honneur du pavillon ; l'avantage du combat restait à l'ennemi. Il n'en est point des armées de mer, comme de celles de terre : on a vu dernièrement en France des artilleurs, des cavaliers, des fantassins formés après trois mois d'exercice et trois mois de campagne, mais il faut dix ans pour faire un bon marin.

La révolution française produisit un effet bien différent dans les armées de terre et de mer : les premières virent accourir sous leurs drapeaux une foule de jeunes officiers ivres de gloire, brûlans de patriotisme ; et qui s'instruisirent dans l'art militaire, en moissonnant des lauriers ; les autres perdirent des chefs qu'une longue expérience avait rendus précieux, et avec eux leur gloire et leur vertu. Nos capitaines de vaisseaux, presque tous attachés aux plus nobles familles, ne réfléchirent point que la France, bien que gouvernée par des hommes pervers, n'en était pas moins leur patrie, et, pour venger des injustices privées, ils se rendirent chez l'étranger, ils passèrent chez les Anglais, y ensevelirent leur renommée, sans penser que cette émigration serait une source de joie pour ceux que la veille ils combattaient encore, et une perte irréparable pour leur pays. À un sentiment d'indignation et de crainte se joignait encore un sentiment de vanité. Il est dans l'esprit de l'homme de se faire honneur d'une persécution, même imaginaire. Combien d'officiers qui, n'occupant point les premiers grades sur les flottes, auraient trouvé la sûreté dans un poste peu apparent, et pu rendre encore, sans danger, d'importans services à la France! Le plus petit nombre se fia à son obscurité; tout le reste prit un parti opposé, et profita des facilités que semblait offrir le ministère. Bertrand, alors ministre de la marine, encourageait l'émigration; son cœur, plein d'un pur royalisme, croyait servir ainsi les intérêts de son Roi, et souvent il faisait payer sur ses cadres, comme employés à Brest, à Rochefort, à Toulon, des officiers qu'il savait fort bien être arrivés à Coblentz. Bientôt les vaisseaux se trouvèrent sans commandans, et la caisse destinée au service de l'armée de mer, fut absorbée par des déprédations. Euvain Monge, qui fut mis à la place de Bertrand, par le parti républicain, voulut-il mettre de l'ordre dans ses bureaux, rétablir les finances de son ministère, rappeler ces marins, expérimentés qui avaient abandonné leurs pavillons, nommer ceux qui semblaient disposés à reprendre du service, il fut toujours entravé dans ses opérations par les hommes qui bouleversaient alors le gouvernement, et, avec les intentions les plus louables, il ne put concourir que faiblement à la restauration de la marine française.

La révolution était alors dans sa plus grande ardeur ; toutes les têtes, agitées par l'esprit d'innovation, renversaient ce qui avait existé pour suivre ce principe alors universellement reconnu : *Qu'on ne pouvait être heureux que lorsque la France serait entièrement régénérée*. Ces changemens hardis s'étendirent sur toutes les administrations, sur tous les membres du corps social. On refusa les vieux marins, parce qu'ils avaient déjà servi : on voulut des hommes nouveaux, et le comité de salut public ordonna de préférer la jeunesse ignorante à la vieillesse expérimentée.

Il résulta, de ces fausses dispositions, que notre marine n'eut souvent que l'honneur d'une défense courageuse, tandis qu'avec plus d'instruction, plus d'harmonie, elle aurait remporté une éclatante victoire.

Deux flottes croisaient dans la Méditerranée, à la fin de 1793; l'amiral Truguet, rapidement élevé au grade de contre-amiral, en avait le commandement. Nous avons vu ses vaisseaux, mal dirigés, ne porter aucun secours aux Toulonnais et demeurer, pour ainsi dire, spectateurs de la prise de leur ville. Une troisième armée voguait aussi sur l'Océan; entre Croix et Belle-Isle. Le vice-amiral Morard-de-Galles la dirigeait; mais, soumis à l'influence des conventionnels, il était souvent contraint à des manœuvres inutiles et périlleuses. Cependant, les Anglais n'osèrent l'attaquer et leur timidité fit notre salut. Pendant quatre mois on tint la mer sans avoir à soutenir un seul combat. Le soldat, livré à l'inaction, devint bientôt séditieux. Une révolte éclata dans les derniers mois de 1794. Les factieux criaient que les chefs étaient payés par les Anglais pour les détruire; que les viandes fraîches manquaient depuis longtemps; que les souliers, les vêtemens avaient besoin d'être renouvellés ; mais qu'on ne faisait rien pour rendre leur position moins fâcheuse ; que le projet était de les faire mourir de misère. Ils craignaient aussi que Brest ne fut vendu comme Toulon, et que toute retraite ne leur fut coupée. Les chefs eurent une peine incroyable à contenir cette soldatesque mutinée. La sévérité eût été plus nuisible qu'avantageuse : il fallut capituler. Morard-de-Galles fit assembler, sur le vaisseau amiral, son conseil, et permit à chaque vaisseau insurgé d'y envoyer un soldat. Dans cette séance on lut les instructions du comité de salut public, et chacun des soldats présens à cette lecture alla, dans son bâtiment, calmer ses camarades, et leur exposer que la conduite de l'amiral était obligée par la volonté du gouvernement.

Peu après la flotte relâcha dans le port de Brest ; des députés du gouvernement attendaient nos généraux, chargés d'éclairer la conduite qu'ils avaient tenue pendant l'expédition. Alors de nouveaux massacres furent encore ordonnés. Un tribunal de sang fut établi. Les agens de Robespierre écoutèrent les dépositions de soldats qu'ils auraient dû punir de leur rébellion, et de braves officiers furent mis à mort, accusés de crimes imaginaires. On admit que Brest était vendu aux Anglais par des généraux de marine, et pour immoler, avec plus de sécurité, ceux que redoutait un tyran ombrageux, on remplaça les troupes de mer par de nouvelles levées, qui n'avaient point encore vu un vaisseau. Cependant l'Angleterre encourageait le zèle de ses officiers de marine les plus habiles, et augmentait de huit mille hommes ses troupes de mer.

Un grand nombre de nos défenseurs furent épargnés par le couteau révolutionnaire : on leur laissa la vie, mais on les plongea dans les cachots. De ce nombre fut ce Kerguelen, qui, peu de temps auparavant, avait été reconnu pour un des officiers les plus expérimentés et les plus utiles à la France. Morard-de-Galles fut destitué : il était perdu si une vie irréprochable n'avait ôté au tribunal révolutionnaire jusqu'au prétexte d'une accusation. Villaret-Joyeuse fut mis en sa place. Ce nouveau chef, dévoué à la cause royale, était digne, par ses talens distingués, de ce poste éminent.

On changeait au même instant, et les commandans et les noms des vaisseaux. Cette manie de tout dénommer, qui distingue les révolutions et couvre d'un misérable ridicule les chefs du parti triomphant, fut mise à l'ordre du jour : un bâtiment, nommé *les Etats-de-Bourgogne*, fut appelé *la Montagne*; un autre fut appelé *le Jacobin*; un troisième, *la Convention*; enfin, un vaisseau rasé fut décoré du nom de *Brutus*.

La famine affligeait alors la France, et le général Vanstabel était attendu avec impatience. Il revenait d'Amérique avec des subsistances, et deux vaisseaux de ligne escortaient le convoi. L'escadre de Brest, forte de vingt-six vaisseaux de premier ordre, reçut l'ordre d'aller à sa rencontre, et de le protéger contre les Anglais, qui croisaient et pouvaient l'intercepter dans son passage. Aussitôt l'on pressa l'armement avec vigueur; le port de Brest fut le tableau le plus mouvant qu'on ait jamais vu : les généraux, les officiers, les soldats, tout le monde rivalisa de zèle et d'activité.

Le signal du départ est enfin donné; tous les marins se hâtent de gagner leur poste; les batteries tirent les coups d'honneur et la flotte est en pleine mer. A la chute du jour, Prieur (de la Marne), qui était sorti sur le vaisseau amiral, demande un canot, pour retourner au port, et dit au marins de *la Montagne*, en les quittant : « Camarades, revenez vain-» queurs du pavillon anglais. — Nous le » jurons ! répondent ceux qui l'entendent. — » Vive la république ! prononce Prieur en » dernier adieu. — Vive la patrie ! gloire au » pavillon français, et mort aux Anglais ! » crie aussitôt l'équipage de *la Montagne* et » tous les autres vaisseaux de la flotte. » Cet enthousiasme semblait présager la victoire, et sans doute que la victoire l'eût suivi, si nos braves soldats n'avaient eu qu'un chef; mais Villaret, toujours contrarié dans ses projets, par le conventionnel Jean-Bon-Saint-André ne put suivre les plans que lui traçait son génie.

L'armée fut bientôt à la hauteur du phare Saint-Mathieu, et, jetés en pleine mer, les bâtimens élevèrent des fanaux pour faciliter les évolutions : on s'avança sur trois lignes, on cingla vers les îles Coves et Flores, pour se joindre au convoi. Plusieurs carguaisons fort riches et entr'autres dix-sept navires portuguais, en route pour Londres, devinrent la proie de notre flotte : le port de Brest fut encombré de prises. Cependant l'ordre donné à l'amiral comportait d'éviter toute attaque dangereuse et de n'avoir qu'un seul but en vue, la sûreté du convoi. Le 28 mai, à midi, une flotte est signalée ; on distingue bientôt vingt-six vaisseaux de ligne. Tous les marins font entendre ce cri : *les Anglais! les Anglais!* Et tous dans l'espoir d'un combat prochain, préparent leurs armes et se livrent à toutes les démonstrations de la joie la plus vive.

L'amiral Howe, qui commandait la flotte ennemie, ne paraissait point disposé à combattre. Villaret, d'après les instructions qu'il avait reçues, devait imiter cette prudence; il l'eût fait sans doute, mais J. B. Saint-André, transporté par un faux patriotisme, interposa son autorité et voulut une bataille. Villaret força de voiles et donna le signal du combat. D'abord, on s'envoya des boulets à une assez grande distance et l'on se fit peu de mal. Le vaisseau amiral occupait le centre de l'armée française. Ce jour, il ne reçut aucun échec; mais le révolutionnaire foudroyé sur son babord, fut démâté et contraint de gagner Rochefort pour s'y faire remorquer. Le lendemain, les deux armées restèrent quelque temps en présence, sans recommencer le combat. Notre avant-garde fut désemparée comme elle serrait l'ennemi au feu ; notre armée voulut virer pour l'aider dans son mouvement ; mais l'arrière-garde était déjà attaquée par les Anglais, qui nous avaient dépassés. Le vaisseau amiral anglais de 120 canons, monté par l'amiral Howe se jeta sur le centre de notre ligne et tira sur le vaisseau *le Vengeur*, tandis que *le Bellerophon* et *le Léviathan* qui voulurent l'imiter furent répoussés par nos bordées et jetés loin de la flotte anglaise. Une brume épaisse qui sépara les deux armées pendant deux jours, mit fin à l'action.

Le 1er juin, les brumes se dissipent ; les deux flottes se préparent à une action décisive. A sept heures, Howe donne le signal de l'attaque et l'ordre à chacun des vaisseaux qu'il commande, de prendre un des nôtres bord-à-bord. Nos marins disposés aux dangers qui les attendent, font retentir l'air de chants patriotiques.

L'action s'engagea; bord-à-bord on se battit avec toute la rage que peut inspirer une haine réciproque et invétérée. Enfin, la mêlée fut horrible, et les signaux n'étant plus compris, souvent un vaisseau lâcha sa bordée à un vaisseau de son côté : 4000 bouches à feu tonnent à la fois et vomissent la destruction. L'Anglais vise à démâter nos vaisseaux, nous cherchons à couler-bas les siens. L'amiral Howe avait plusieurs fois tenté sans succès, la canonnade contre le vaisseau amiral *la Montagne*, et avait été contraint de reculer ; mais *le Jacobin* qui devait couvrir *la hanche* du vaisseau amiral fait une fausse manœuvre et le laissse à découvert. *La reine Charlotte* que montait l'amiral anglais, profite aussitôt du vide qui se présente sur la ligne, et, suivi de cinq vaisseaux dont deux à trois ponts, elle entoure Villaret. Quelque temps foudroyé par son ennemi, l'amiral français reste perdu au reste de la flotte, mais par une menace d'abordage, il force les bâtimens qui l'entourent de s'éloigner et leur coupe quelques cordages. Le conventionnel Saint-André pâlit et se sauve entre les ponts.

Les vaisseaux retournés à distance n'en continuèrent qu'avec plus d'avantage : *la Montagne* résista quelque temps encore ; mais bientôt, le pont dépourvu de défenseurs, ne fut plus qu'un désert hideux de carnage : 2500 boulets ont frappé son tribord, ses canons sont démontés ou entr'ouverts : des canonniers résistent cependant avec bravoure : ceux qui servent les pièces de chasse sont tués à cinq reprises différentes, et remplacés sans autre ordre que la voix de l'honneur qui commande encore ces marins patriotes. Soudain des caisses de cartouches éclatent et tuent la moitié des timoniers. Le banc de quart est enlevé sous Villaret ; celui-ci se relève avec sang-froid, le fait rétablir et reprend son poste. Alors la *Reine-Charlotte* était à demi-portée de canon, Bouvet-de-Cressé, qui aujourd'hui dirige un collège à Paris, sent un de ces mouvemens que font naître les circonstances critiques: il demande à Villaret de balayer le pont de l'Anglais. *Vous vous ferez tuer*, lui répond l'amiral : Qu'importe, réprend-il, si je suis utile à ma patrie. Il se glisse aussitôt de dégrés en dégrés, au milieu des balles que les Anglais lui lancent avec l'espingolle et le pistolet ; enfin il parvient à son but, et met le feu à la caronade de 36 à tribord. Son intrépidité est récompensée par une entière réussite. La *Reine-Charlotte* est abimée par l'effet de la caronade, et ce n'est que par une prompte fuite qu'elle parvient à se sauver.

Un de nos autres vaisseaux, *le Vengeur*, avait montré autant de dévoûment que *la Montagne ; le Brunswick* et deux autres bâtimens anglais l'attaquèrent ; la mitraille emporta la moitié de son monde : ce qui resta sur le pont, loin d'être découragé, opéra des prodiges de valeur; *le Brunswick* fut chargé avec tant d'activité et d'adresse qu'il fut contraint de s'éloigner.; les deux autres vaisseaux redoublèrent alors d'efforts. *Le Vengeur* perdit sa mâture, et percé de toutes parts, il fit eau à fond de cale. Réduits à cette extrémité, les marins qui montaient *le Vengeur* ne cherchèrent point à sauver leur vie, ils aimèrent mieux mourir que se rendre, et prirent une détermination qui rendra à jamais célèbres et le jour qu'ils combattirent et le vaisseau qu'ils montèrent; ils déchargèrent leur bordée quand, leur vaisseau coulait à fond, quand les canons étaient déjà à fleur d'eau et s'engloutirent, aux cris mille fois répétés de *Vive la République! Vive la liberté de la France!* Les victimes du dévoûment patriotique étaient déjà dans l'abîme qu'on voyait encore leurs bras agiter, au-dessus de l'eau, leurs chapeaux ou les pavillons aux couleurs nationales.

Quand les marins du *Vengeur* donnaient un si bel exemple de bravoure, Jean-Bon-Saint-André, sorti de la batterie où il avait caché sa pusillanimité, s'élevait avec fermeté contre l'équipage de *la Montagne*, qui voulait retourner au combat et délivrer *six vaisseaux* de l'arrière-garde que les Anglais tenaient cernés. Rien n'était plus facile que de leur ôter cette proie, le Conventionnel s'opposa à l'enthousiasme de l'armée, et Villaret, effrayé par la *guillotine*, obéit et fit signaler sa retraite; cependant la flotte anglaise, dont plusieurs vaisseaux étaient entièrement perdus, était si maltraitée que l'amiral Howe aurait pris la fuite à la menace d'un second abordage.

Après ce combat, la flotte française mouilla dans la Rade de Bertheaume; le Conventionnel s'opposa encore aux desirs de Villaret. Celui-ci, soutenu par une escadre toute fraîche qu'il trouva à Bertheaume, voulait chasser dix-sept vaisseaux anglais qui, ignorant le combat du 1er. juin, venaient de passer, pavillon bas, près de la flotte française.

On apprit en France que le convoi n'était plus protégé, et les allarmes se manifestaient, quand les vaisseaux de Vanstabel parurent à la vue de Brest, et firent leur entrée dans ce port.

Ce combat fut fécond en beaux exemples : un boulet de canon coupe une longue-vue dans la main du major-général Delmotte, qui froidement en prend une autre et continue son observation; l'intendant Rassé et le capitaine de pavillon Bazire sont jettés, par le même boulet, aux pieds du brave Vignot qui ne laisse voir aucun sentiment de crainte; Cordier comprime, avec le ceinturon d'une épée, son tibia, brisé par esquilles, et reste à son poste; Angot-de-Saint-Valéry-en-Caux, frappé d'une balle au talon, se fait panser et revient sur le champ au combat; Lehyr, second capitaine du *Vengeur*, est blessé à la jambe par un biscayen, ses amis l'engagent à se faire panser : *non,* leur répond-il, *j'ai juré de mourir à mon poste, je tiendrai mon serment;* il tombe en s'écriant : «Courage, amis! Vengez-nous! »

Quelques pertes qu'éprouva l'Anglais elles ne furent point comparables aux nôtres, et l'on sera toujours étonné que ce combat terrible ait été présenté comme une victoire, par celui-là même qui avait causé notre défaite; on demandera comment Jean-Bon-de-Saint-André eut la hardiesse de parler de sa conduite dans cette affaire; comment la Convention eut la bassesse de lui adresser des remerciemens!

Le général Muller, qui commandait en chef l'armée des Pyrénées orientales, resta quelque temps dans une entière inactivité; ce ne fut que le 23 juin 1794 qu'il entreprit une excursion sur le territoire espagnol et tâcha de s'emparer de la vallée de Bastan. Il enleva quelques postes aux environs de Baygori et jeta une division dans le village des Aldudes. Les Espagnols que ces escarmouches menaçaient, songèrent à se défendre ; ils se réunirent au nombre de dix milles, sur la Bidassoa, et se mirent en marche sur quatre colonnes ; ils s'emparèrent, après une vive résistance, des postes du Mandal, du Mont-Diamant et du Mont-Vert ; leur colonne de gauche, dirigée par les généraux Gil et Camesfort, n'éprouva plus de difficulté à remplir le but de leur attaque. Le poste de la Croix-des-Bouquets, qu'elle voulut enlever, résista avec une fermeté désespérante, et un renfort que le général Muller, envoya de ce côté, acheva de dérouter les assiégeans.

Le combat tourna bientôt à notre avantage, les Catalans furent attaqués dans tous les postes qu'ils venaient d'occuper ; chassés de leurs camps, ils se retirèrent sous des batteries de quarante pièces de canon, établies au-delà de la rivière, et furent encore débusqués de cette nouvelle position.

Moins de 1500 Français chassèrent 2000 Espagnols de ces hauteurs, où 40 bouches à feu étaient à leurs ordres. Le général Caro ordonna de sonner la retraite, de repasser la Bidassoa, et fit sauter derrière lui le pont jeté sur cette rivière.

Les plus beaux faits d'armes illustrèrent les soldats du général Muller dans cette journée : l'adjudant-général Darnandat, portant lui-même trois blessures, plaignait un grenadier d'Angoumois, auquel un boulet avait emporté le bras droit : « Pourquoi me plaindre, mon » général, lui répond ce brave ? J'ai un bras » encore pour servir mon pays. » Ce même dévoûment reparaissait tous les jours sous mille formes différentes ; il était devenu pour le soldat républicain, une vertu indispensable, un besoin.

Le général don Ventura Caro fut remplacé par le comte Colomera, vice-roi de Navarre, et le 6 juillet les généraux français se mesurèrent avec ce nouveau commandant.

L'échec que les Espagnols avaient reçu au poste de la Croix-des-Bouquets rendaient nécessaires de nouvelles levées, le comte Colomera fit une proclamation aux habitans de la vallée de Bastan, pour les engager à se lever en masse. Ses promesses furent inutiles, les habitans de la vallée ne répondirent point à son appel. N'ayant plus que son corps, pour soutenir le choc d'un ennemi victorieux, il chercha à prendre les positions les plus avantageuses. Il envoya le marquis de Saint-Simon avec sept mille hommes, sur les hauteurs d'Arquinzun, espérant couvrir par là les derrières de la vallée de Bastan.

Le 9 juillet, le général Moncey attaqua cette position. L'artillerie, qui foudroyait nos grenadiers ne put les empêcher d'arriver jusqu'au plateau. Les retranchemens d'Arquinzun furent enlevés à la baïonnette, et le marquis Saint-Simon se retira dans le plus grand désordre. Si la division qui exécuta cette charge brillante avait su modérer son élan, le brave Latour-d'Auvergne allait prendre en queue l'ennemi attaqué sur son front, et tout le corps de Colomera était défait; mais trop de précipitation nuisit aux brillans effets que l'on pouvait attendre d'un début aussi glorieux. Dans le fort de la mêlée, le marquis de Saint-Simon reçoit une balle dans la poitrine. L'officier républicain s'en aperçoit, et s'écrie : *Amis, ne tirez plus; avancez : le général ennemi est blessé, nous le tenons.* Saint-Simon répond à cet ordre : *Tu ne me tiens pas; viens me chercher, si tu l'oses.* Il n'a pas achevé qu'une compagnie des siens l'entoure et parvient à le sauver. Le combat finit par la retraite des Espagnols, qui laissèrent beaucoup de prisonniers entre nos mains, et un plus grand nombre de morts sur le champ de bataille.

Les armées du Nord et de Sambre-et-Meuse obtenaient toujours en Belgique les succès les plus brillans, et leurs marches en avant mettaient à découvert plusieurs places fortes, dont les alliés s'étaient emparés. La convention jugea qu'il était du plus grand intérêt de rentrer dans ces forteresses, et voulut employer, contre les ennemis, ce système de terreur, qui plusieurs fois lui avait réussi contre les factieux de l'intérieur : elle fit un décret qui portait, *que les quatre grandes places : Valenciennes, Condé, Landrecies et Quesnoy seraient sommées de se rendre, et que la garnison alliée, qui répondrait d'une manière négative, après vingt-quatre heures de réflexions, serait passée au fil de l'épée.* Cependant, les forces disponibles ne suffisaient à peine qu'au siége d'une de ces places. On résolut de commencer par Landrecies.

Le 3 juillet, le général Jacob, détaché avec huit mille hommes de l'armée de Sambre-et-Meuse, se présenta devant Landrecies;

mais, plus brave soldat qu'habile capitaine, il ne parvint à aucun résultat satisfaisant : ignorant absolument comment se dirige un siége, il éleva çà et là de faibles batteries, jeta, dans la place, quelques boulets perdus, et crut intimider les alliés, qui reçurent en plaisantant la sommation de se rendre à discrétion. Quand la convention eut arrêté son plan de campagne, quinze mille hommes se portèrent sur Landrecies, munis de tous les instrumens nécessaires à un siége. Dans la nuit du 10 au 11 juillet on ouvrit la tranchée. Il n'est point douteux que si le général Ferrand, d'après les ordres du gouvernement conventionnel, eût alors sommé la place de se rendre, que les alliés refusaient et étaient passés, quelques jours après, au fil de l'épée. Ce général, noble comme un militaire français, attendit que l'ennemi fut dans une telle position qu'il ne pût refuser de se rendre, pour lui en faire la sommation, et sa générosité sauva la vie à la garnison, sans blesser les intérêts de son pays.

L'officier de génie Marescot, que nous avons déjà vu se signaler plusieurs fois dans les précédentes campagnes, fut chargé des opérations du siége. Cet habile ingénieur, assez profond dans son art pour quitter les routines et travailler de création, fit suivre des plans entièrement nouveaux. Au lieu de deux parallèles, une seule fut décrite, et encore fut-elle portée à 150 toises du chemin couvert, quoique la règle indiqua de s'en éloigner de 300. Cette nouvelle méthode réussit complétement : les assiégeans tirèrent comme si les travaux eussent été exécutés à distance ordinaire; les bombes, les obus, les boulets passèrent par-dessus la tête des travailleurs, et la parallèle fut presqu'achevée au point du jour. Landrecies vit arriver, sous ses murailles, un grand nombre de gardes nationaux, qui, de leur propre mouvement, accouraient des communes voisines, pour partager les périls avec les assiégeans. Cet enthousiasme excita une noble rivalité entre ces nouvelles légions et les troupes du siége. Cette rivalité concourut puissamment au succès. Cependant, le général Férand, fatigué par ses nobles travaux, tomba malade et laissa le commandement aux mains du général Schérer. Celui-ci imita l'exemple d'humanité que son prédécesseur lui avait donné, et pressa le siége avant de mettre au jour le décret conventionnel.

Dans la nuit du 16 au 17, le bombardement est ordonné ; les remparts de la ville sont couverts par les nombreux projectiles qui partent de nos batteries, et l'épouvante s'empare des habitans et de la garnison. Schérer fait continuer le feu jusqu'à deux heures avec la même activité : alors il s'arrête et envoie au général Foulon, qui commande dans la place, l'ordre de la convention. Les assiégés n'ont plus qu'une heure pour délibérer ; s'ils refusent, les batteries vont jouer avec plus de force que jamais, et la ville prise d'assaut, la garnison sera passée au fil de l'épée. Cette menace terrible déconcerte Foulon, il se rend avant le terme prescrit à la générosité des troupes françaises.

Les Français, entrés dans Landrecies, font la garnison prisonnière ; il trouvent, dans les magasins de la place une quantité considérable de fer coulé, des approvisionnemens de toute espèce, et, tant sur les remparts que dans l'arsenal, 92 pièces d'artillerie. Ce qui dût rendre plus agréable encore au peuple français la nouvelle de ce triomphe, c'est le peu de sang qu'il nous couta : 150 hommes au plus tombèrent devant Landrecies.

Nous voici arrivés à une époque à jamais

célèbre ; à ce jour où la France put espérer enfin un terme à ses longues douleurs. Le 10 juillet, le couteau révolutionnaire atteignit ceux qui l'avaient tant de fois fait servir : Robespierre le jeune, Couthon, l'affreux Maximilien Robespierre, et Saint-Just furent mis à mort.

On ne peut se figurer jusqu'à quel point ces monstres avaient porté l'abus de leur puissance usurpée. Saint-Just, dont nous avons déjà eu occasion de remarquer le caractère fougueux, se montra peut-être le plus arbitraire. Un jour, arrêté entre Senlis et Pont-Saint-Maxence, il demande qu'on lui serve à dîner. L'hôte lui répond qu'il n'a rien à lui offrir. « Et ce » dinde, que j'aperçois, reprend Saint-Just, » à qui le destines-tu ? — A un citoyen qui » loge au premier, et qui l'a payé d'avance. » — Monte, et dis-lui que je m'en empare ; » qu'il le cède à un représentant du peuple. » On monte au premier : la réponse du propriétaire est un refus formel. Que fait Saint-Just? il demande des chevaux, arrive à la poste suivante, ordonne à la gendarmerie de marcher, revient à l'hôtel, et fait arrêter les habitans du premier étage..... Deux heures après ils sont guillotinés !

Tant que la révolution française avait tendu à un gouvernement monarchique et constitutionnel, la Corse entiere s'était montrée favorable au nouveau système ; mais lorsque le gouvernement conventionnel s'éleva sur les débris du trône, lorsque le drapeau blanc fut remplacé par l'étendart tricolore, Paoli, chef de cette île s'opposa aux nouveaux maîtres de la France, et chassa de Corse tous ceux qu'il soupçonnait de partager l'esprit républicain. Bonaparte et sa famille furent exilés par cette mesure générale, et vinrent habiter la France. Lacombe-Saint-Michel, général conventionnel, fut opposé à Paoli, et remporta sur lui de nombreux avantages, jusqu'au moment où les Anglais, chassés de Toulon, vinrent le soutenir. Alors la fortune changea, et les troupes républicaines eurent le dessous. Bastia et Calvi étaient les deux seules places qui demeurassent en leur pouvoir. Lacombe, redoutant le siége de Bastia, qu'il occupait, imagina une ruse de guerre qui réussit au gré de ses desirs : il donna une lettre à un capitaine ragusain, qui mouillait au port, et lui promit une forte récompense, s'il voulait la porter à Gênes, au consul de France. Dans cette lettre, il feint d'apprendre au consul qu'il a reçu un échec ; mais il ajoute qu'il a dressé un piége aux Anglais dans Bastia, et qu'ils sont perdus s'ils osent l'y attaquer. Le capitaine ragusain, comme on s'y était attendu, vendit la dépêche aux Anglais, qui n'osèrent, de six semaines, attaquer Bastia. Enfin, revenus d'une vaine frayeur, ils en firent le siége. La garnison résista avec un courage héroïque; brûla, dans le port, un des vingt vaisseaux anglais qui y croisaient, et ne se rendit que deux mois après, lorsque la famine et le manque de munitions l'y contraignirent. Le 20 juillet, les Anglais entrèrent dans Bastia après avoir signé une capitulation.

Les Anglais, appelés par Paoli, ne lui fournirent point de généreux secours. Ce peuple, qui ne consulte jamais que son propre intérêt, est toujours ennemi de ceux qui ont l'imprudence de le nommer leur allié. Les généraux anglais voulurent commander dans l'île, et leur injustice fit à la France beaucoup d'amis. Un grand nombre de Corses quittèrent la cause de Paoli, et se joignirent aux républicains. Les alliés furent bientôt en exécration. Une ville surtout leur témoigna son mécontentement. Ils résolurent de s'en venger: elle fut assiégée. Calvi, c'est le nom de la cité où s'étaient réunis les amis de la France, ne possédait qu'une bien faible garnison, et ne semblait point devoir opposer une longue résistance; cependant, elle tint pendant deux mois contre toutes les forces réunies des Anglais. Les habitans devinrent soldats, les femmes même, les femmes servirent l'artillerie, et se portèrent partout où leur faible secours pouvait être de quelqu'utilité. Pendant les premiers quinze jours, Calvi reçut plus de trois mille bombes; les toîts de tous les édifices sautèrent, et les remparts furent en plusieurs endroits ouverts et aussitôt réparés. La famine se fit bientôt sentir. On vendit un pigeon jusqu'à 40 francs. La dyssenterie attaqua la garnison, réduite à 250 hommes, et alimentée avec des nourritures immondes. Il fallut capituler. Le premier août, les Anglais entrèrent dans Calvi, et la garnison française, s'embarqua pour Toulon, accompagnée d'un grand nombre d'habitans.

C'est ainsi que le patriotisme rendait presqu'indomptables toutes nos garnisons, et s'étendait chez nos voisins, où il faisait éclore, comme en France, les plus beaux traits de valeur et de dévouement.

Après le combat d'Arquinzun, que nous

venons de rapporter, les Espagnols et les Français étaient restés dans une entière inaction. Des deux côtés on se mettait en mesures pour paraître avec honneur dans les affaires qui devaient suivre. D'après les dispositions dont chaque parti s'occupait, on pouvait prévoir quelle conduite les armées allaient tenir. Il était évident que les Français tenteraient une aggression, et que les Anglais resteraient sur la défensive.

Le 26 juillet, le général Muller fit attaquer tous les postes qui étaient dans la vallée de Bastan. Notre gauche, forte de 8000 hommes, et commandée par le général Monçey, partit d'Ispeguy et marcha sur les Espagnols, qui s'étaient retranchés dans le village d'Eratzu. Nos soldats portèrent des canons à force de bras, et chassèrent d'Eratzu les troupes espagnoles. Ils les poursuivirent encore sur les hauteurs qui avoisinent le village, et ne leur laissèrent point le temps de s'y retrancher.

Dans le même moment, le général de Laborde s'emparait du col de Maya, avec sa division, et opérait sa jonction sur les hauteurs d'Etchalar avec la divison de Moncey. Nos forces, ainsi réunies, coupèrent la retraite aux Espagnols, et sans une trouée, qu'ils réussirent à faire, ils étaient taillés en pièces ou faits prisonniers. Ils furent poursuivis sur Saint-Estevan, et repassèrent la Bidassoa.

Le centre de l'armée française se mit aussitôt en mouvement. Le général Dessein, qui était chargé de conduire ses opérations, se porta sur Beria et sur le roc de Commissari, que deux redoutes défendaient. Les Français attaquent ces retranchemens sur trois colonnes; une artillerie nombreuse les foudroye; ils sont trop avancés pour reculer : ils arrivent jusqu'au parapet. Ici la lutte devient terrible, plusieurs fois les Français s'élancent sur les retranchemens et sont repoussés par la mitraille; ils vont lâcher pied, quand, ranimés par la voix et par l'exemple de leur chef, ils se précipitent tête baissée dans le retranchement qui sépare les deux redoutes; s'emparent de celle de droite, tournent ses canons contre celle de gauche, et vont l'emporter d'assaut, quand elle se rend à discrétion.

Deux autres redoutes se rendirent peu de temps après : elles se défendirent avec intrépidité, mais les Espagnols furent contrains de les céder à la baïonnette, qui devenait, dans les mains de nos soldats, une arme irrésistible.

Les résultats de cette affaire furent avantageux pour l'armée française: elle fit un grand nombre de prisonniers, s'empara de plusieurs batteries garnies de pièces de gros calibre, et chassa l'ennemi de tous les postes qu'il occupait dans la vallée de Bastan.

Dugommier était, pendant ce temps, occupé au siége de Bellegarde: cette place était étroitement bloquée, et le général français, pour ménager des fortifications qui devaient servir un jour à la défense de son pays, tâchait de la prendre par la famine.

Le comte de l'Union se présenta pour livrer bataille aux assiégeans et causer une diversion utile, en faveur de la garnison renfermée dans Bellegarde. Ce général, au mépris de la capitulation de Collioure, avait incorporé, sous ses drapeaux, 7000 hommes qui avaient mis bas les armes dans le village de Banyulz-la-Maizo, et il se présenta avec des forces imposantes devant la place assiégée.

Le 13 août, on se battit sur tous les points de la ligne, depuis campredon jusqu'à la mer. Le général Courten s'empara de la montagne de Terradas. Le général Lemoine fut d'abord repoussé, mais, soutenu par la division d'Augereau, il reprit le terrain qu'il avait perdu. La baïonnette fut la seule arme dont on se servit. Jusqu'à midi, l'avantage fut indécis. Alors le général Augereau s'aperçut que la brigade du général Isquierdo commençait à plier, et la fit attaquer par le général Mirabel. Celui-ci joint à ses troupes trois bataillons de la brigade Lemoine, et s'avance par les gorges, entre la Moriga et Terradas. Bientôt le brave Mirabel arrive à l'ennemi et lui tue un grand nombre d'hommes; mais il tombe lui-même frappé d'une balle. Les soldats qui marchent sous ses ordres ne mettent plus de bornes à leur vengeance : ils jurent par leur général, et tous les coups qu'ils portent donnent la mort. Les Espagnols n'opposent plus qu'une faible résistance. Ils veulent exécuter un mouvement rétrograde, le général Lemoine, qui remplace Mirabel, soutient le courage de ses soldats, et presse l'ennemi jusqu'au moment où il quitte ses rangs pour fuir en désordre.

D'un autre côté, le général Augerau poussait le général Courten l'épée dans les reins et le menait ainsi jusqu'à Figuières. Dans l'affaire, les Espagnols perdirent un maréchal-de-camp et trois cents hommes.

Les Français occupaient, sur le bord de la mer, le camp de Chanteloup; six mille Espagnols l'attaquèrent, sous la conduite d'un émigré, nommé *le vicomte de Gand*, tandis que l'amiral Gravina croisait avec plusieurs vaisseaux, pour protéger les assaillans. Ces tentatives furent infructueuses, et les Français restèrent maître de Chanteloup.

Un autre poste, appelé le Col-des-Frères, fut aussi attaqué par les Espagnols; ils tentèrent de l'emporter d'assaut au moment où les vaisseaux de la flotte protégeaient un débarquement; mais un premier bataillon du Tarn, qui défendait la position, leur fit abandonner une entreprise dont ils prévirent bientôt le mauvais succès. Dans ces différens engagemens, les Français perdirent beaucoup de monde; plusieurs officiers de marque furent blessés: parmi ceux-ci, les généraux de division Sauret et Augereau; Bayraud, adjudant-général, et Samson, capitaine du génie. Le nom de Mirabel, tué au commencement de l'action, eut les honneurs du Panthéon.

Après la reddition de Landrecies, le général Schérer fit l'investissement du Quesnoy. Trois mille Autrichiens défendaient cette place, et semblaient disposés à une longue résistance. L'officier de génie Marescot, que ses longs services et ses talens distingués avaient élevé au grade de colonel, fut chargé des travaux du siége. Il reconnut les fortifications et disposa ses batteries devant la porte de Valenciennes, qu'il regarda comme le point le plus faible. L'ennemi avait eu sans doute la même idée, puisqu'il avait, de ce côté, rassemblé ses pièces d'artillerie les plus fortes et les mieux montées. Marescot fit ouvrir deux fausses tranchées du côté de Saint-Roch et de Béaïd, et par cette diversion, engagea l'ennemi à reporter du côté opposé ses bouches à feu. Ainsi les travailleurs ouvrirent, sans courir de grands dangers, la tranchée véritable, qui embrassa tout le front d'attaque du côté de la porte de Valenciennes, dans une étendue de 2500 toises. Huit batteries furent établies, six de canons et d'obusiers, et deux de mortiers. L'ennemi tenta une sortie le 28 juillet, mais avec peu de succès ; notre infanterie le contraignit de rentrer dans l'enceinte des murailles.

Des pluies continuelles survinrent et ralentirent les travaux. Cependant, le 3 août, le général Schérer somma la place de se rendre ; il fit signifier au gouverneur le décret de la convention. Celui-ci, moins effrayé que le commandant de Landrecies, ne tint point compte d'un décret qui ne lui parut que bar-

bare. Les travaux du siége furent alors pressés avec plus de vigueur qu'auparavant. Le 5 août, la canonnade commença d'abord à notre désavantage ; mais elle fut bientôt nuisible aux assiégés. Nos canonniers pointèrent avec une grande précision : le feu prit au grand clocher, au béfroy et à plusieurs maisons. La position des habitans devint affreuse ; ils murmurèrent, et, soutenus par la garnison, ils forcèrent le gouverneur à demander une capitulation. On ne donna audience à ses parlementaires que lorsqu'ils consentirent à se rendre à discrétion. Le gouverneur, n'ayant point publié le décret de la convention à ses soldats, la garnison fut épargnée, mais les officiers du conseil furent conduits à Paris.

Pendant le siége, un nommé Duquesne, soldat du 5ᵉ. régiment, a une jambe fracassée par un boulet : il refuse les services des travailleurs qui l'entourent, se traîne jusqu'à l'ambulance, et ne regrette sa jambe, pendant l'amputation, que parce qu'il ne pourra marcher sur Valenciennes, après la prise du Quesnoy.

Aussitôt après la reddition de cette place, Schérer se porta devant Valenciennes, qui fut, le 18 août, complettement investie. Cette ville était munie de fortifications couvertes d'une artillerie nombreuse ; elle renfermait 5000 hommes de garnison ; il était difficile de la prendre avec 100,000 hommes ; Schérer entreprit de l'assiéger, et il n'en avait que 25,000 sous ses ordres.

Marescot, nommé, depuis le siége du Quesnoy, général de brigade, fut encore chargé des travaux qui concernaient son arme. Le général Schérer fit élever de nombreuses batteries ; mais il demanda à la convention de ne point être forcé de notifier son décret à la garnison avant de l'avoir assez intimidée pour qu'elle s'y soumît. La réponse de la convention fut que son décret devait être publié, et qu'il importait que les habitans et la garnison en fussent instruits si positivement qu'ils ne puissent alléguer pour cause leur ignorance.

Le brave Schérer envoya sommer la place de se rendre ; mais pour n'être point forcé d'en venir à de cruelles extrêmités, il fit accompagner l'officier français par le lieutenant-colonel autrichien Rousseau, un de plus ardens défenseurs du Quesnoy. Le gouverneur, ébranlé par les menaces de la convention, offrit une capitulation qui ne pouvait être acceptée que par le gouvernement. Schérer envoya un courrier à Paris. La réponse fut plus modérée qu'on n'avait lieu de l'espérer : On accepta les offres du gouverneur. La garnison sortit de la place avec les honneurs de la guerre, mais ne put servir jusqu'à parfait échange. Le 28 août, Valenciennes évacuée ouvrit ses portes aux troupes françaises. Nous trouvames dans cette place une grande quantité de fer coulé, un million de poudre et 226 pièces d'artillerie.

Condé, investi le 26 août par un détachement de l'armée occupée devant Valenciennes, résistait encore. Schérer se porta devant cette place, et, encouragé par ses succès, il fit notifier le décret de la convention avant même de préparer les travaux du siége. Le gouverneur, ébranlé par l'exemple des commandans de Landrecies, du Quesnoy et de Valenciennes, sortit de la place et ouvrit les portes aux Français. La terreur qui accompagnait nos armes, venait de faire rentrer, sous le gouvernement républicain, les quatre places désignées par la convention. On trouva dans Condé d'immenses magasins remplis de munitions de guerre.

Dans un rapport que fit le général Marescot, sur la prise de ces places, on peut découvrir le but qu'avaient les puissances coalisées dans leur occupation. L'ingénieur fait cette question : « Est-ce pour remettre nos places fortes » aux Bourbons, que les alliées y faisaient » rendre la justice en leur nom ? Etait-ce » pour Louis XVIII, que l'empereur dépensait » des millions à les fortifier, et faisait graver » ses armes sur toutes les portes ? » La réponse est facile.

Nous avons vu par quels efforts impuissans le comte de l'Union essaya de délivrer Bellegarde, que le général Dugommier tenait toujours assiégée. Cette place, entourée de 25,000 hommes, aux ordres des généraux Pérignon, Sauret et Augereau, fut sommée de se rendre à discrétion. Elle refusa ; mais la famine, le scorbut détruisirent une partie de sa garnison, et le 17 septembre elle consentit à se livrer à la générosité française.

Les Espagnols qui étaient dans Bellegarde, et qui tentèrent envain d'y rentrer quelques jours après, sortirent de la place, qui fut occupée sur-le-champ par les divisions Sauret et Pérignon. Dugommier trouva, sur les remparts de Bellegarde, 68 canons et, dans ses magasins, 40 millions de poudres.

La convention décréta des actions de grâce en faveur des armées républicaines, qui venaient d'expulser les troupes ennemies du territoire : une fête nationale fut célébrée, qui devait être observée chaque année, en mémoire de ces mémorables journées.

Ici finit la guerre d'invasion. Le territoire français fut entièrement purgé des troupes de la coalition, et les combats qui furent livrés, jusqu'à la fin des hostilités, se passèrent chez l'ennemi. Au reste, ce ne fut presque que des engagemens insignifians, et aucun événement qui méritât une narration particulière ne se passa jusqu'au moment où la Prusse et l'Espagne se retirèrent de la coalition. On goûta les douceurs de la paix, et nos guerriers se reposèrent quelques instans à l'ombre de leurs lauriers, pour conquérir ensuite l'Italie, et porter jusqu'à Venise leurs drapeaux triomphans.

CHAPITRE IX.

Prise d'Ypres. — Combats du Roulers et de Hooghlede. — Combat de Deinse. — Entrée des Français dans Charleroy. — Bataille de Fleurus. — Prise d'Ostende. — Combat du Mont-Palissel. — Prise de Mons. — Jonction de l'armée du Nord et de celle de Sambre-et-Meuse. — Occupation de Louvain et de Malines. — Prise de Namur. — Siége de Nieuport. — Prise d'Anvers et de Liége. — Prise du fort de l'Écluse. — Combats de Boxtel et de la Chartreuse. — Affaire d'Oude-Watering. — Siége de Maëstricht.

Reportons nos regards vers la Belgique, et voyons quels événemens ont suivi la bataille de Tourcoing.

Le général Clairfait s'était retiré sur Thielt, et, séparé de l'armée ennemie, il ne pouvait inquiéter Pichegru; au contraire celui-ci, désespérant de réussir dans ses projets sur

Tournay, abandonna un plan qu'il jugea dès-lors vicieux, et résolut de détruire le corps de Clairfait, avant qu'il n'ait reçu des renforts. Il s'agissait d'attirer la division autrichienne sur un terrain désavantageux pour elle, en cas d'attaque. On crut y parvenir en assiégeant Ypres. Le 29 mai, le général Moreau se rendit à Hondtschoote, pour se porter de là sous les murs d'Ypres; la division du général Michaud marcha aussi dans la même direction, et des batteries furent élevées devant Ypres. Quelques canons furent placés sur les chaussées de Vlaemertinghe et d'Elverdinghe, tandis que des forces assez considérables se rassemblaient entre Mennin et Courtray, pour agir, quand le moment serait venu, contre le général Clairfait. Quelques corps furent envoyés dans le même moment sur la Sambre, ou l'empereur François se portait en personne, à la tête de 20,000 hommes.

Un renfort de 4000 hommes entra dans Ypres le 4 juin, et Pichegru se détermina à completter l'investissement de cette place, quand il vit que le général Clairfait ne se préparait point à changer de position.

La division Michaud et une brigade, conduite par le général Vandamme, entourèrent la ville, et s'emparèrent de tous les postes en avant du canal de Boezinghe. L'armée d'observation se tint en avant de Zonnebecke pour être à portée de soutenir les troupes françaises employées au siége, ou de s'opposer aux divisions du général Clairfait, si elles venaient à sortir de Thielt. Le soir de l'investissement, l'ennemi tenta une sortie ; mais il fut repoussé sur tous les points, et obligé de chercher un abri derrière ses murailles. Le 7, un corps autrichien vint au secours de la place : il prit les Français au dépourvu, rompit la ligne d'investissement, et quelques-uns de nos corps battirent en retraite jusqu'à Mercklem. Cependant, revenus de leur première surprise, nos officiers rallièrent leurs bataillons, et repoussèrent les assaillans, qui, menacés par l'armée d'observation, se retirèrent sans avoir pu jeter de secours dans la place. La garnison d'Ypres, sortie au moment de cette attaque, fit de vains efforts pour la seconder ; elle fut comme la première fois, repoussée la baïonnette dans les reins jusqu'aux portes de la ville.

Le commandant du génie Dejean avait d'abord exécuté les travaux du siége avec lenteur, parce qu'il n'avait point à sa disposition les ressources nécessaires ; quand une artillerie de siége fut arrivée du parc de Lille, il établit dix batteries, prolongea sa parallèle et pressa les ouvrages avec vigueur. Le 11, le général Moreau fit sommer le général Salis de rendre la place d'Ypres, et le commandant ayant répondu par la négative, le bombardement fut ordonné. Plusieurs maisons furent incendiées dans la nuit suivante et une grande quantité de projectiles firent un affreux ravage dans la place.

Le général Clairfait avait déjà tenté infructueusement une attaque contre l'armée d'observation, plus heureux le 13, il parvint à renverser la droite de notre armée, qui occupait Roulers, et s'empara de cette position. Déjà il se croyait maître de la victoire, et comptait délivrer la garnison d'Ypres, lorsque le général Macdonald, qui commandait notre centre, soutint le choc ennemi avec une fermeté admirable, et donna le temps au général Winter de rallier les fuyards. Ce renfort rétablit le combat. Clairfait fut à son tour débusqué de Roulers et poursuivi jusqu'à Thielt, où il s'enferma dans ses retranchemens. Depuis ce moment, le siége fut pressé avec une incroyable activité ; une batterie ne pouvait être armée, il y manquait six pièces de gros calibre, et l'on ne savait où se procurer des chevaux de trait pour les y porter : le 4e. bataillon du Nord s'attèle tout entier aux canons, les traîne l'espace de 150 toises, sous le feu de l'ennemi, et la batterie armée foudroye la place. 28 bouches à feu tirent jour et nuit, sans discontinuer. Bientôt le gouverneur fit des ouvertures auprès des généraux Moreau et Pichegru, et le 18 juin, à trois heures du matin, la capitulation fut signée. La garnison sortit de la place, et se constitua prisonnière. Elle fut aussitôt dirigée vers le centre de la France.

Les généraux Vandamme, Laurent, Desenfant et Michaud concoururent puissamment à la prise d'Ypres et aux avantages remportés dans les engagemens qui eurent lieu devant cette place.

Nous trouvames dans Ypres des fusils, des obus, des bombes, des boulets, 50 milliers de poudre et cent pièces d'artillerie.

Ce fut à-peu-près à cette époque que les conventionnels firent ce décret sanguinaire, qui défendait aux troupes de faire des prisonniers. On a dit qu'une cruauté extrême fait souvent déployer un généreux héroïsme. Le trait suivant est une preuve de cette vérité :

Le général Clairfait avait été attaqué à Deinse, où il s'était retranché à sa sortie de Thielt, et poursuivi jusqu'à Gand, il avait laissé entre nos mains dix canons et un certain nombre de prisonniers.

Cent Hanovriens, qui se trouvaient parmi ceux-ci, sont amenés au quartier-général, par un sergent. « *Camarades*, dit un officier » d'état-major, au détachement qui amène » ces malheureux, *vous allez nous mettre* » *dans l'embarras, il fallait laisser échapper* » *ceux-ci. — Mon officier*, répond le ser- » gent, *nous devons affaiblir l'ennemi, et* » *les prisonniers ne tireront pas sur nous.* » *— Et cette loi sanguinaire !... — Nous* » *la connaissons ; mais la convention n'a* » *pas prétendu que les soldats français ser-* » *vissent de bourreaux. Voici les prisonniers;* » *envoyez-les aux conventionnels ; qu'ils les* » *tuent, si leur férocité va jusques-là ;* » *qu'ils les mangent ensuite, ce n'est plus* » *notre affaire.* »

Deinse, évacué par l'ennemi fut sur-le-champ occupé par les Français, et les canons des assiégeans passèrent de leurs batteries sur les remparts.

Si nous nous reportons aux faits passés,

nous verrons les Français tenter jusqu'à quatre fois le passage de la Sambre, et toujours infructueusement, et des commissaires conventionnels ordonner ces tentatives réitérées sans calculer auparavant toutes les chances d'une telle entreprise. Le 29 mai, le passage fut enfin effectué par l'armée des Ardennes, et la ville de Charleroy fut bombardée; mais le prince d'Orange, à la tête d'un renfort, parvint encore à repousser les Français sur l'autre rive du fleuve. Nous étions constamment battus sur ce point; il était évident que nous étions les plus faibles; le comité de salut public ordonna la jonction des armées de la Moselle et de celle des Ardennes. Ces deux armées réunies prirent le nom commun d'armée de Sambre-et-Meuse. Le général Jourdan fut nommé général en chef de cette masse vraiment imposante.

Jourdan fit tous les préparatifs nécessaires pour effectuer le passage de la Sambre, quatre fois inutilement entrepris. Le 12, à la pointe du jour, il parvint à l'effectuer, et l'ennemi, qui voulut s'opposer à ses mouvemens, fut repoussé et contraint de se réfugier, partie dans Charleroy, partie en arrière de cette place. Le général Jourdan couvrit le siége et laissa devant la place 8000 hommes sous les ordres des généraux Bollemont et Hatry. Les assiégeans enlevèrent à la baïonnette un poste extérieur, et une compagnie de sapeurs, conduite par le capitaine Boisgérard, en fit la démolition sous le feu d'une fusillade dont presque tous les coups portaient. Les assiégés n'avaient encore perdu que ce poste, quand le prince d'Orange accourut avec toutes ses forces réunies et tenta une diversion en leur faveur. L'attaque commença sur Lambusart; la division Marceau, qui gardait cette position, soutint le choc du prince de Reuss. Le centre de l'armée française fut en-même-temps assailli sur Gosselies par les généraux Beaulieu et Alvinzy. Ces deux généraux et le prince Reuss réussirent complettement dans leur opération, et notre armée repassa la Sambre. Envain le général Kléber fit-il sur notre gauche une belle défense; il sentit la nécessité de suivre le mouvement général, et se reporta sur l'autre rive du fleuve. Charleroy fut débloqué.

A peine avions-nous repassé la Sambre que le prince d'Orange s'éloigna de Charleroy. Le général Jourdan mit cette faute de l'ennemi à profit, et, pour la cinquième fois, resouvella un passage dont les avantages lui avaient été tant de fois ravis. Charleroy ſut assiégé de nouveau. Le prince d'Orange se rapprocha de la place, et vint prendre position à la chapelle de Herlaymont. Kléber le chassa de ce poste ; lui prit plusieurs pièces de canon, et lui tua sept à huit cents hommes.

Un capitaine d'artillerie, Méras, n'avait pu élever, faute de bras et d'instrumens, une batterie commandée par les conventionnels ; il fut fusillé sans jugement ; ce malheureux, brave soldat et incapable de la trahison dont il fut faussement accusé, obtint les regrets de ses chefs. Les généraux Bollemont, Hatry et Marescot parlèrent en sa faveur, et sans l'opposition courageuse du général Jourdan ils auraient payé de leur vie leurs justes représentations. Cependant les batteries étaient en état d'agir, et le siége avançait rapidement. Les sapeurs gagnèrent du terrain et commencèrent leur troisième parallèle. L'ennemi ouvrit les portes et se jeta sur les travailleurs ; mais deux sorties qu'il effectua ne lui furent d'aucun secours. Le général français somma la place de se rendre et après plusieurs pour-parlers d'abord infructueux, la garnison évacua Charleroy : elle sortit avec les honneurs de la guerre et déposa, sur le glacis, ses armes et ses drapeaux. Les 3000 hommes qui sortaient de la place n'avaient pas encore mis bas les armes que l'on entendit la canonnade dans le lointain ; l'armée d'observation était attaquée par les alliés. Quelle joie ce bruit ne dut-il pas causer aux troupes du siége ! Quels regrets aux soldats de la garnison qui venaient de se rendre prisonniers de guerre.

Cette bataille qui s'engageait alors était la fameuse bataille de Fleurus, à jamais célèbre dans les fastes militaires ; le prince de Cobourg attaquait l'armée d'observation, forte au plus de 70,000 hommes, mais soutenue par une artillerie nombreuse et bien exercée : en revanche les Autrichiens avaient une cavalerie mieux montée et plus forte que la nôtre.

Voici quelle était, avant le combat, la position respective des deux armées.

L'armée française était au devant de Charleroy et s'étendait sur une ligne demi-circulaire, ses deux aîles étant appuyée à la Sambre et son centre au bourg de Gosselies. La division du général Marceau s'étendait de Wanfersée à Veline ; celle de Lefebvre sur la gauche de Fleurus ; le général Championnet était posté au delà d'Hépignies ; le général Morlot en avant de Gosselies; et le général Kléber en avant du village de Courcelles; enfin la division du général Montaigu occupait Trasegnies; la réserve était à la Ransart, presqu'entièrement formée par la division d'Hatry. La cavalerie, aux ordres du général Dubois, n'avait point de poste fixe, et devait se porter partout où sa présence deviendrait nécessaire.

Par contre, l'armée ennemie avait son centre le long de la chaussée des Romains; sa gauche étant appuyée sur les hauteurs de Boigne; sa droite partant d'Herlaincourt sur Auderlues. Cinq divisions principales composaient le corps du prince de Cobourg :

La 1re., formant l'extrême droite, était commandée par le prince d'Orange;

La 2e. marchait sous les ordres du général Quosdanowisch;

La 3e. avait en tête le prince de Kaunitz;

La 4e. obéissait au commandement du prince Charles;

La 5e., formant l'extrême gauche, était dirigée par le général Beaulieu.

Le 26 juin au point du jour, la canonnade se fit entendre et l'affaire s'engagea. Le prince d'Orange s'empara d'abord du village d'Auderlues et pénétra jusqu'au château de Wesp; il s'avança ensuite sur les batteries; mais en vain il ordonna à ses troupes de les enlever, une décharge de mitraille exécutée à demi-portée renversa des rangs entiers, et il fut obligé de changer un commandement qui, par l'intrépidité de nos artilleurs, devint inexécutable; enfin il apprit la prise de Charleroy et battit en pleine retraite.

La division Montaigu avait été moins heureuse, attaquée avec impétuosité par une colonne autrichienne, elle avait résisté quelque temps, mais toujours avec un désavantage marqué; les premières lignes ennemies avaient pris du terrain sur les Français, après une canonnade de trois heures, et la cavalerie envoyée à leur secours n'avait pu que protéger leur retraite sur Charleroy.

Les coalisés, dans ce moment, étaient maîtres du bois de Mouceaux, de Forchies et du château de la Marche; sur les deux heures ils furent attaqués dans le bois par la division de Bernadotte et celle de Kléber. Dans le même moment des batteries, posées par ce général, faisaient taire leur artillerie, et le général Quosdanowisch, attaqué sur Pasir, se défendait des hauteurs de Mellet, d'où il foudroyait la division Morlot, postée en avant de

Gosselies. Plusieurs escadrons de la division Championnet étaient aussi repoussés sur Hépignies, Saint-Fiacre et Wagme par l'avant-garde du prince de Kaunitz.

Les Autrichiens continuaient toujours de s'avancer, les Français se réfugièrent sur les hauteurs d'Hépignies. La division du général Lefebvre voulut s'opposer aux progrès du corps du prince Charles, elle fut repoussée avec perte ; mais bientôt elle prit position en avant de Lambusart et soutint le choc de l'infanterie et de la cavalerie autrichiennes, immobile comme un mur d'airain. Tous les corps ralliés derrière ce rempart se précipitèrent avec fureur au devant de la mitraille ; au même instant des caissons éclatent avec fracas par le choc d'une bombe ; enveloppés de flammes, de fumée, des bataillons épouvantés demandent la retraite : « Point de retraite, s'écrie Lefebvre. Quand nous pouvons vaincre, nous fuirions ! non, non, point de retraite aujourd'hui !» Cet événement rend aux soldats toute leur énergie ; on eut dit que Lefebvre venait d'invoquer *un Jupiter Stator* ; les paroles qu'il a prononcées retentissent dans tous les rangs ; les soldats reviennent à la charge et contraignent le général Beaulieu à un mouvement rétrograde. Ce léger succès leur paraît un accomplissement des paroles de Lefebvre ; ils crient de tous côtés : *point de retraite aujourd'hui !* et ce cri devient le signal de la victoire. La division Marceau avait repassé la Sambre ; mais les division des généraux Montaigu, Championnet, Lefebvre, Kléber et Morlot se soutenaient avec avantage dans leur position; le prince de Cobourg voyant l'enthousiasme des soldats républicains, n'osa plus compter sur la victoire, il se retira et nous laissa maîtres du champ de bataille. La prise de Charleroy causa en partie la victoire de Fleurus, et la victoire de Fleurus la seconde conquête de la Belgique. Un moyen, nouveau dans l'art de la guerre, avait été employé, avec succès, par le général Jourdan, pendant le siége de Charleroy : Un aérostat planait à une distance calculée, et ceux qu'il contenait, à l'aide de lunettes, observaient les mouvemens des troupes ennemies, et indiquaient au général le point où il était nécessaire d'envoyer des forces. On raconte à ce sujet un fait assez bizarre arrivé dans Charleroy ; les Autrichiens, surpris à la vue du ballon; furent saisis d'épouvante quand on leur dit que cette machine portait des ennemis, un d'eux s'écria avec effroi : « *Carmagnole par devant, Carmagnole par derrière, Car-*

magnole en bas, Carmagnole en haut! Jésus Maria, nous sommes perdus! (1) »

La bataille de Fleurus fut sanglante, on n'y fit presque point de prisonniers : on a gardé le silence sur le nombre des Français qui périrent dans cette journée; on a évalué à 4,000 hommes la perte des ennemis.

Le général Pichegru, qui n'avait pu faire tomber dans le piége le général Clairfait, résolut de le séparer de l'armée anglaise et de détruire son corps quand il en aurait achevé l'isolement. Ensuite il devait se jeter sur les derrières du prince Cobourg et opérer sa jonction avec le général Jourdan. Pour exécuter ce plan, il s'approcha d'Audenaerde et se prépara à passer l'Escaut; mais, un ordre de la convention le rappela sur la Lys, et lui enjoignit d'assiéger Ostende. Il fallait obéir ou présenter sa tête au fer des échafauds. Pichegru se hâta de suivre les instructions ridicules qui lui furent données : il remonta à Deynse, passa à Bruges, et se présenta

(1) Les impériaux donnaient au volontaire républicain le nom de carmagnole, faisant allusion à une chanson répétée alors dans nos rangs, et dans laquelle ce mot était plusieurs fois employé.

devant Ostende le 1er. juillet. Le général Moyra sortit de cette place avec cinq mille hommes, pour porter du secours à la division de Clairfait, et la faible garnison qui y était restée se déconcerta à l'aspect de l'avant-garde. Ostende ouvrit ses portes à Pichegru qui se trouva maître de cet entrepôt du commerce anglais, presque sans coup férir. La flotte anglaise qui croisait en rade voulut bombarder la ville, mais les forts firent taire ses canons, et plusieurs bâtimens surpris dans le port n'évitèrent l'esclavage que par l'incendie. Un d'eux cependant, doublé de cuivre, fut ravi aux flammes et déclaré de bonne prise.

En sortant d'Ostende, la garnison avait encloué presque tous ses canons, et le général Pichegru ne put se servir que des siens dans le premier moment. Il trouva dans les magasins des canons de bronze, plusieurs en fer, plus de dix mille boulets et une quantité innombrable de poudres.

Cette opération de Pichegru ne changea en rien la position des armées du prince Cobourg et du général Jourdan; seulement, dans la crainte d'être attaquées par les vainqueurs de Fleurus, les alliés se concentrèrent sur Bruxelles et quittèrent la ligne trop étendue qu'ils avaient établie depuis la ville de Gand jusqu'à la rivière de Haine.

Le duc d'York prit position à Asche, Clairfait à Bodeghem, et le prince d'Orange près de Hal à Tubize.

Le général Jourdan se mit promptement en marche pour tirer quelqu'avantage de sa victoire ; il se porta sur Mons après avoir laissé reposer ses troupes pendant quelques jours ; les généraux Kléber et Lefebvre se portèrent sur Marimont. Ce dernier fut attaqué par les Autrichiens, mais il n'eut qu'à répéter ces mots : *point de retraite !* pour culbuter tout ce qui s'opposa à son passage. Ses soldats animés par le désir de la gloire et les souvenirs de Fleurus, chassèrent l'ennemi des hauteurs de Brecquignier après lui avoir fait éprouver une perte considérable. Le même jour, deux de nos génèreaux, Schérer et Montaigu, se portèrent avec leur division sur le mont Palissel. Les Autrichiens, retranchés sur cette montagne et défendus par une nombreuse artillerie, semblaient maîtres d'une position inexpugnable. Nos braves gravissent la montagne au pas de charge ; la fusillade est meurtrière ; la division Schérer voit tomber ses premiers rangs; rien n'arrête l'ardeur du soldat français. Le mont Palissel est emporté d'assaut et les Autrichiens fuient en désordre.

Cette position forte et bien retranchée, couvrait la ville de Mons, la garnison sortit de cette ville à la hâte, et fut remplacée au moment même de son départ par nos troupes.

Les généraux Morlot, Championnet et Moreau, exécutaient divers mouvemens pour protéger les troupes qui marchaient sur Mons, et les corps ennemis qui se trouvaient opposés à ces généraux, fuyaient en désordre devant leurs bataillons. Mons venait de tomber entre nos mains, le mont Palissel était couvert de notre artillerie. Les alliés sentirent la nécessité de nous abandonner plusieurs postes qu'ils occupaient encore, ils sortirent de Cateau-Cambrésis, de Marchiennes et de St.-Amand.

Tandis que notre gauche obtenait un succès aussi brillant, notre droite opposée aux généraux Quasdanowich et Beaulieu cédait du terrain et n'osait en venir à un engagement sérieux; mais des renforts survinrent de la gauche, et le combat s'étant rétabli entre des forces égales, la victoire fut encore de notre côté.

Notre cavalerie se mit alors en mouvement. L'ennemi s'était retiré à Nivelle, le général Dubois le tourna par Beaulers et le chassa sur Lillois. Il se porta ensuite au secours de la division Lefebvre, qui venait d'être assaillie, et réussit encore dans cette défense. L'ennemi, vaincu par une charge brillante, abandonna tous ses postes, se retira sur Braine-la-Leud, et fut poursuivi jusqu'à Waterloo. Le général Beaulieu, défendu par une forte artillerie, se tenait encore à Sombref. Il fut chassé de cette position par les généraux Hatry et Mayer, qui, trop faibles séparément pour l'attaquer avec avantage réunirent leurs efforts et le repoussèrent jusqu'à Nivelles.

Ce dernier combat fut meurtrier, les Autrichiens perdirent 3000 hommes, et nous 1000 : le champ de bataille resta en notre pouvoir.

Les coalisés, repoussés sur tous les points, exécutèrent un grand mouvement de retraite. Le général Beaulieu se porta jusqu'à Hotomont ; le prince d'Orange se dirigea sur Bruxelles, et le prince de Cobourg quitta son camp pour gagner Tirlemont, où il établit son quartier-général.

Peu de jours après, l'armée du Nord entra

à Gand aux acclamations bruyantes d'un peuple que la vue des Français semblait rendre heureux, et qui devait bientôt faire partie de la république. Le 9 juillet, cette armée quitta Gand, vint camper à Erembodeghen, et entra à Bruxelles au moment où l'ennemi venait de l'évacuer. Le 11 juillet, elle porta son quartier-général derrière le canal de Vilvorden; le général Jourdan prit le sien à Nivelle, et la jonction fut opérée.

Il ne fallait pas avoir une connaissance bien étendue de l'art militaire pour soupçonner que le but du gouvernement français, en réunissant ainsi ses forces, était d'accabler les alliés, dont les corps perdaient leurs communications et n'étaient plus liés entr'eux. C'était-là ce qu'on pouvait attendre. Un nouvel ordre vint, qui dérangea toutes les combinaisons, renversa toutes les conjectures. Les membres de la convention, députés aux armées, donnèrent aux généraux l'ordre de séparer leurs divisions; et les deux armées, à peine réunies, prirent une direction opposée. Cependant, les forces ennemies, qui se perdaient sur une ligne de plus de 24 lieues, offraient à la masse de 150 mille hommes, que formaient nos armées, une occasion plus que favorable. Le prince de

Cobourg ou le duc d'York, attaqués séparément, eussent été infailliblement taillés en pièces. Malgré cette fausse direction, les Français mirent encore l'ennemi dans une position critique. Le 15 juillet, le général Kléber se porta sur Louvain. Les Autrichiens, qui s'étaient retranchés sur la montagne de Fer, parurent disposés à opposer une résistance vigoureuse. Ils furent cependant débusqués, et les généraux Lefebvre et Dubois, ayant soutenu ce mouvement, la ville fut mise à découvert. Kléber fit hacher les portes par ses sapeurs. On se battit long-temps dans la ville : les Autrichiens, réfugiés dans les maisons, nous inquiétèrent par une fusillade très-vive ; mais ils furent chassés après un combat assez long, et une partie de la garnison de Landrecies, retenue dans Louvain, fut délivrée par l'arrivée de Kléber, et par les exploits de ses frères d'armes.

Les Hanovriens s'étaient retranchés derrière le canal de Louvain ; nos soldats, impatiens de combattre, se mirent à la nage : le lieutenant d'Ardennes, arrivé de l'autre côté du canal, saisit un soldat hollandais, et le forçant à le traverser une seconde fois, il le fit prisonnier. Ce trait fut un ordre pour la division française : elle passa à la nage, et ce courage aida les travailleurs occupés à la construction du pont. Le combat devint sanglant : les Hollandais soutinrent le premier choc avec une grande fermeté ; mais ils furent bientôt forcés de se retirer sur Nylen. Une partie se replia sur Malines ; les portes, obstruées de fumier, furent renversées, et Malines fut occupée presqu'aussitôt que Louvain par les troupes françaises.

Le général Jourdan se porta, le 16 juillet, devant Namur, avec l'aile droite de l'armée ; et cette place, qui avait tant de fois résisté avec avantage à de nombreux ennemis, se rendit aux premiers coups de canon. Les Français étaient à peine à portée qu'ils virent les Autrichiens évacuer la place. Un officier y resta pour leur présenter les clefs. On trouva dans Namur cinquante canons de calibre et des munitions de toute espèce.

Pendant que ces choses se passaient sur ce point, le général Moreau, à la tête de l'armée de diversion s'avançait sur Niewport.

Cette place, peu forte en apparence, ne possédait que trois mille hommes de garnison ; mais des écluses pouvaient inonder autour d'elle une immense étendue de terrain ; et cette ressource rendait le succès du siége plus douteux. Une division fut chargée de prendre cette ville, tandis que plusieurs autres la couvrirent, et lui servirent d'armée d'observation. Le général Saint-Laurent s'établit à Bruges avec le corps qui marchait sous ses ordres. Quelques brigades prirent possession d'Audenaerde. Le 3 juillet, le commandant du génie Dejean, le général Moreau et plusieurs officiers supérieurs firent les reconnaissances nécessaires pour le succès du siége. Ils se convainquirent que l'inondation apporterait de grandes difficultés dans le placement de l'artillerie. Cependant l'investissement fut ordonné.

Le général Vandamme se porta avec sa division, entre Saint-Péters-Capelle, Lombarzide et Mannekensvers. Un engagement eut lieu sur ce dernier point, l'ennemi voulut tenter une charge ; mais il fut culbuté par nos chasseurs, et, le 5 juillet, nos divisions, retranchées dans tous les postes, complétèrent l'investissement.

Ces dispositions prises, on arrêta trois attaques : une sur le front, entre l'inondation de Virevont et celle de Oost, et deux autres, pour détourner, sur un autre lieu, l'attention de l'ennemi. Sur le front de Lombarzide on établit une batterie d'obusiers qui ne tira que quelques jours. On pointa d'autres canons, et l'on battit le fort en brèche. Nos grenadiers et nos chasseurs pénétrèrent jusqu'au chemin couvert. Le 12, on ouvrit la tranchée ; on s'occupa des parallèles, qui furent promptement tracées, et les batteries continuèrent de battre le fort Virevont, le succès paraissant plus probable de ce côté. Le 16, le commandant du génie Dejean termina tous les travaux que permettaient les localités, et l'investissement fut achevé. Une flotte anglaise était en rade.

Le 17 la canonnade devint continuelle ; nos artilleurs firent preuve d'une grande habileté et les batteries de l'ennemi furent éteintes sur les sept heures du soir. Le pavillon blanc fut arboré ; un parlementaire vint demander au général Moreau la liberté de communiquer avec la flotte anglaise, qui signalait des dépêches importantes. Cette demande fut rejetée. Le lendemain, un second parlementaire offrit une capitulation qui fut acceptée, et Moreau aima mieux s'exposer à la fureur de la convention que de faire égorger, de sang froid deux mille ennemis qui mettaient bas les armes.

Le 19, l'ennemi évacua Niewport ; les 3000 hommes de garnison mirent bas leurs armes et leurs drapeaux. Ils sortirent de la place avec les honneurs de la guerre ; mais ils furent de suite dirigés vers le centre de la France.

Notre armée, exposée au feu de la flotte anglaise, eut beaucoup à souffrir devant Niewport, et il était temps que cette ville nous ouvrît ses portes : un air infect rendait les maladies fréquentes, et l'inondation, partie formée par les flots de la mer, rendait dangereuse l'eau que l'armée employait à son usage. Sans les soins du général Moreau, qui eut toujours pour ses soldats une active sollicitude, il serait difficile de calculer combien nous eussions perdu d'hommes devant Niewport.

Après l'occupation de Malines, Pichegru tenta le passage de la Nethe, sur laquelle s'étaient retirés les coalisés. Il eut à combattre les Hessois et les troupes de lord Moyra, qui s'étaient portés en avant de cette rivière. Le 21, il se mit en mouvement et campa à Lier. Dans ce moment les alliés, et surtout les corps anglais, se retiraient sur Bréda.

Pichegru, poursuivant sa marche, arriva

bientôt devant Anvers. Cette place était occupée par les Anglais. Notre avant-garde avança jusques dans les murs, et un parlementaire somma la ville de se rendre. On ne peut imaginer quelle fut la surprise de Pichegru! Il s'attendait à une réponse négative, hardie: les Anglais, sans attendre un second parlementaire, évacuèrent Anvers, qui resta libre au point du jour. Trente pièces d'artillerie, abandonnées dans la place, furent prises par les Français. Une inondation remplit d'eau les environs de la place, sur un rayon de trois lieues. Les anglais avaient lâché une écluse en sortant d'Anvers. Ce moyen de défense, trop tardif, ne nous causa aucun dommage. Nos soldats étaient presque tous entrés dans la ville, quand les campagnes reçurent les eaux. Anvers était en notre pouvoir, et le général Jourdan continuait de marcher au milieu des trophées. La France ne retentissait, dans ce moment, que de chants de victoires.

Jourdan avait porté son centre sur Jidoigne: son aîle droite était à Namur, sa gauche à Louvain. Le prince de Cobourg, extrêmement déconcerté par cette nouvelle position, se replia; on le poursuivit.

Le 24, Jourdan, qui suivait ses traces à

marches forcées, rencontra, entre Woulrenge et Saint-Nicolas, une colonne autrichienne. Un engagement eut lieu entre notre avant-garde et la queue de la colonne; il fut désavantageux pour nous. Jourdan donna ordre à sa droite de marcher en avant, et l'affaire devint générale. Les Autrichiens résistèrent pour donner du temps au prince de Cobourg, qui était en pleine retraite. Enfin, ils se replièrent sur Liége : chassés de la route qu'ils voulaient suivre, ils se retranchèrent sur les hauteurs de la Chartreuse. Liége, toujours favorable aux Français, ouvrit ses portes, et nos troupes y prirent des logemens.

La colonne autrichienne lança quelques boulets dans la ville; mais le général Jourdan éteignit bientôt leurs batteries, en faisant tirer le fort qui dominait leur position. Le lendemain tous les environs de Liége furent libres, et les troupes françaises purent jouir de quelques instans de repos.

Le fort de l'Ecluse ne tarda point à être attaqué, mais cette place commençant à la mer par un long canal, pouvait aussi se servir des inondations comme d'un moyen de défense, et nos soldats avaient à redouter d'autres maux que ceux qu'on souffre ordinairement pendant un siége; cependant aucune considération pusillanime n'affaiblit leur courage, et bien que 7000 malades eussent été évacués sur différens hôpitaux, pendant vingt jours que l'Ecluse fit résistance, leur fermeté resta la même, et ne voulut pas (pour employer leurs propres paroles) en avoir le démenti.

Le fort de l'Ecluse fut attaqué le 28 juillet, par le corps du général Moreau. Le commandant Dejean se chargea des ouvrages, et plusieurs batteries furent établies en face du fort. Le point central des efforts des assiégés fut fixé sur une langue de terre qui séparait de la digue le canal d'Ardenbourg. Des canons furent aussi placés dans l'île de Cassandria.

Le premier choc eut lieu sur la rive gauche du canal. Les Hollandais s'y étaient retranchés derrière une redoute. Le général français jugea qu'il était nécessaire de s'emparer de cette position; elle fut attaquée et cédée presque sans résistance. On eût dit que les assiégés n'attachaient aucune importance à leurs postes avancés, qui furent abandonnés avec la même indifférence. Ils se reposaient sans doute sur le progrès des eaux, qui, joint à des pluies continuelles, rendait pénible la position des assiégeans.

Le 4 août, les parallèles étaient tracées, les batteries élevées et prêtes à faire feu. Le général Moreau envoya sommer la place de se rendre. Sur le refus qu'essuya sa demande, il fit commencer la canonnade qui dura nuit et jour sans interruption. Les pièces d'artilllerie des remparts répondirent avec une égale activité et nous firent quelquefois assez de mal. Enfin, au milieu de la mitraille et d'une grêle de grenades que les assiégés lançèrent, nos braves soldats s'approchèrent, dans les journées du 22 et 23 août, à une très-petite distance de la place, faisant d'un seul élan jusqu'à 100 toises de marche. Les ennemis cherchaient envain dans une longue résistance, une source de gloire, il était impossible qu'ils fussent assez tôt secourus, et ils devaient toujours en venir à une capitulation. Elle fut proposée par eux, le 25 au soir, quand l'armée française, irritée des obstacles, demandait à ses chefs un assaut général que ceux-ci n'auraient pu refuser à son ardeur patriotique.

La garnison du fort sortit; aux termes du traité, par la chaussée de Midelburg et déposa ses armes, ses drapeaux sur le glacis; pour marcher ensuite vers le centre de la France et y rester prisonnière.

Les Français trouvèrent, dans le fort de l'Écluse, 120 pièces d'artillerie, quelques milliers de poudre, une prodigieuse quantité de grenades et 200 chevaux de remonte.

Le mois suivant, deux combats furent encore livrés en Belgique. L'armée du Nord marchait sur Goirle et Riel. Le général Pichegru qui s'avançait toujours dans l'intention de combattre l'armée anglaise, avant qu'elle eût pu opérer sa jonction avec les Autrichiens, fit remonter son avant-garde à Boxtel; le corps ennemi, trop éloigné du corps d'armée pour en attendre aucun secours, fit cependant une noble résistance; la Dommel le couvrait, nos soldats passèrent cette rivière à la nage. Quelques pelotons la traversèrent sur des madriers. Notre armée fut à peine montée sur la rive opposée que l'avant-garde anglaise se retira dans le plus grand désordre.

Nous fîmes à l'ennemi 2,000 prisonniers, et nous lui prîmes 8 pièces d'artillerie.

Le général Jourdan, pour aider dans ses mouvemens l'armée du Nord, se porta sur la Chartreuse, où plusieurs colonnes autrichiennes s'étaient retranchées; les généraux Bonnet et Schérer combinèrent leurs attaques; le premier sur Sprimont, le second sur la Chartreuse, tandis que la division Marceau se porta sur Esneux ; ces dispositions obtinrent le plus grand succès : les Autrichiens, après quatre heures d'un combat opiniâtre, abandonnèrent leur position de la Chartreuse; ils se replièrent sur Juliers après avoir jeté 10 bataillons dans Maëstricht que cet échec mettait à découvert.

Nous fîmes dans cette affaire 1200 Autrichiens prisonniers, 2000 restèrent sur le champ de bataille. Nous enlevâmes dans le combat cinq drapeaux et cinq pièces de canon, et nous trouvâmes dans les retranchemens trente pièces d'artillerie, de nombreux bagages et 200 caissons.

Une affaire plus générale s'engagea sur le canal d'Oudewatering : nos soldats traversaient encore dans l'eau les fossés derrière lesquels l'ennemi était retranché ; déconcerté par cette intrépidité, le général autrichien ordonna la retraite et la difficulté du terrain, protégea son mouvement rétrograde qui fut de suite exécuté.

Les armées du Nord et de Sambre-et-Meuse volaient de victoire en victoire, et depuis la journée de Fleurus, l'ennemi n'osait attendre les Français, et souvent battait en retraite à la vue de leurs avant-gardes.

Le 9 octobre, après deux nouvelles victoires remportées à Maleick et à Ayvaille, l'armée française se présenta devant Maëstricht. Le siége de la place fut arrêté. Le général Kléber se porta devant les murs, suivi de sa division, avec ordre de l'investir. Le général Marescot conduisit les travaux. Des batteries furent établies devant le fort Saint-Pierre et le faubourg de Wick. Le prince de Hesse était gouverneur dans Maëstricht, et 8000 hommes étaient sous ses ordres. Des inondations remplirent notre première tranchée; nos soldats n'en mirent pas moins d'ardeur à poursuivre les ouvrages. Une nouvelle tranchée fut ouverte, et tous les soldats devinrent mineurs. Ils travaillaient la nuit et le jour, et s'avançaient avec intrépidité sous le feu des remparts. Le prince de Hesse, sommé plusieurs fois de se rendre, résista avec une courageuse opiniâtreté, et ce ne fut qu'après onze jours de tranchée ouverte qu'il signa une capitulation. Nimègue tomba peu de jours après entre nos mains. La division du général Souham fit la conquête de cette place, où nous trouvâmes des munitions de toute espèce, 8000 fusils et 80 pièces d'artillerie.

Ce fut à cette époque que la France perdit un de ses plus hardis défenseurs. La guerre enleva à notre patrie le brave Dugommier. Le 18 novembre, cet habile général engage une action générale, dont le résultat devait être la conquête de la Catalogne. Sa droite confiée au général Augereau, extermine la gauche de l'ennemi, et enlève aux Portugais leurs bagages et 1200 prisonniers. Sa gauche remplit avec autant de bravoure et de succès les ordres qui lui sont envoyés; et Pérignon, placé au centre, atteignant encore une position imposante, va porter le dernier coup à un ennemi qui déjà se dispose à la retraite. Dans ce moment, le brave Dugommier posté sur la montagne Noire, d'où il dirigeait les mouvemens de l'armée, est atteint par un obus qui lui tombe sur la tête. Il est mortellement blessé. Il rend le dernier soupir, au sein de la victoire, dans les bras de Pérignon, auquel il laisse pour héritage et sa place et de grands exemples.

Ainsi périt, loin des lieux qui avaient vu ses premiers exploits, mais sur les champs de ses dernières victoires, celui que la France nomma *le Libérateur du Midi*. Les regrets de sa perte furent amers. Le jour où la nouvelle de son glorieux trépas se répandit, fut un jour de deuil pour les Français véritablement amis de leur pays.

La convention décréta que son nom serait inscrit, avec celui des victimes du dévouement patriotique, sur la colonne du Panthéon. Les Pyrénées-Orientales adoptèrent ensuite ses mânes protectrices, et ses restes furent transportés de Bellegarde à Perpignan.

Dugommier, bien différent de ces généraux qui se payent de leurs exploits et de leurs blessures par d'infâmes concussions, Dugommier mourut pauvre, et laissa ses deux fils et sa fille sans autre héritage qu'un nom glorieux et des titres à la reconnaissance nationale.

Bonaparte acquitta cette dette sacrée aussitôt qu'il tint en main les rênes de l'Etat, et l'on remarqua que, parvenu au consulat, il donna pour premier mot d'ordre, *Frédéric II et Dugommier*. En réunissant ces deux noms célèbres, il mettait sous les yeux de ses soldats toutes les gloires ensemble : un roi savant dans l'art militaire, ami passionné des arts, et un citoyen illustre qui, sacrifiant pour la liberté de son pays une fortune immense, était mort de la mort des braves sur le champ d'honneur.

CHAPITRE X.

Combats de Platzberg et de Tripstadt. — Occupation de Trèves. — Combat de Kayserlautern. — Combat de Cairo dans le Piémont. — Bataille d'Aldenhoven et prise de Juliers. — Prise de Bois-le-Duc. — Entrée des Français dans Coblentz. — Prise du fort de Rheinfels, et fin de la campagne sur le Rhin et sur la Moselle. — Opérations militaires en Espagne, combat de Saint-Martial, prise de Fontarabie. — Prise de Saint-Sébastien. — Combat de Toloza. — Invasion de la vallée de Roncevaux. — Bataille de la montagne Noire. — Prise de Figuières — Combat de Bergara. — Combats sur la Fluvia. — Prise de Roses. — Affaires d'Orfans, de Bezalu et de Bascara. — Combats sur la Fluvia ; traité de paix entre la France et l'Espagne.

L'ARMÉE du Rhin, toujours opposée à des forces supérieures, ne devait point prendre l'offensive : aussi resta-t-elle dans l'inaction jusqu'à la fin du mois de juin 1794. De son côté le général Moëllendorf semblait se méfier de ses troupes ; et, s'il prenait une position c'était toujours sur une roche escarpée ou derrière une rivière profonde. Enfin le 3 juillet, le général Michaud, ayant reçu pour renfort dix mille hommes de l'armée de la Moselle, tira les premiers coups de canon : les avant-postes de l'ennemi établis à Fraischbach, à Spire, à Haimbach furent emportés à la baïonnette et les sentinelles égorgées. Le centre et la gauche du général Michaud opérèrent surtout des prodiges de valeur.

Dans cette journée les troupes françaises tuèrent à l'ennemi plus de 400 hommes, lui firent autant de prisonniers, et lui prirent plusieurs pièces de canon.

Nos légions victorieuses marchèrent ensuite sur Tripstadt ; les deux armées du Rhin et de la Moselle combinèrent leurs mouvemens, et chargèrent sur trois points différens. L'attaque de gauche éprouva quelque résistance, mais la cavalerie prussienne recula devant les baïonnettes de notre infanterie, et bientôt la fusillade s'étendit sur toute la ligne ; la colonne qui marchait au centre, plus forte que les deux autres, devait s'emparer des hauteurs dominantes des Vosges, et, coupant par cette manœuvre toute communication entre les Autrichiens et les Prussiens, assurer le succès de la bataille ; les divisions des généraux Saint-Cyr, Desgranges et Siscé étaient spécialement chargées d'enlever le plateau de Platzberg, en aidant toutefois les mouvemens de la division Taponnier, qui marchait sur Tripstadt.

Un corps de Prussiens occupait Platzberg : cette montagne élevée semblait inexpugnable, et les retranchemens dont elle était hérissée, les batteries dont elle était couverte augmentaient la confiance de l'ennemi : il ne faisait même aucunes dispositions pour la défense, et le feu ne commença que lorsque les Français avaient déjà gravi la moitié du mont : il était trop tard pour repousser les soldats français ; quand ils ne sont pas arrêtés au moment du départ, ils arrivent toujours au but. Après une vive fusillade de la part des assiégeans, le plateau fut emporté : on y trouva un grand nombre d'hommes et de chevaux tués dans le combat auquel il servit de théâtre et plusieurs pièces de canon. Le major-général Pfau périt dans cette affaire, et ce fut une perte réelle pour l'ennemi.

La montagne de Saukopf, mitraillée par les batteries de Platzberg, se rendit le lendemain, et fut occupée sur-le-champ par la brigade du général Sibaud. Kesselberg, défendu par le major Bork, fut aussi pris dans la même journée.

Les divisions de l'armée de la Moselle trouvaient plus d'obstacles à Tripstadt, mais montraient le même courage : cinq fois l'infanterie républicaine était repoussée par une mitraille meurtrière ; mais la division Taponier s'emparait d'une redoute sur le flanc gauche de la montagne, et les batteries qu'on y établissait forçaient les Prussiens de lâcher pied.

Dans le même moment, les bataillons français entraient dans les redoutes au pas de charge, et massacraient les canonniers sur leurs pièces.

Tant à Tripstadt qu'à Platzberg, l'ennemi perdit près de 5000 hommes ; notre perte appréciée en proportion fut peu considérable.

Après ces différens combats, et une affaire qui eut lieu à Neustadt, l'armée de la Moselle, toujours commandée par Moreau, resta quelque temps dans une entière inaction : cependant ce général marcha le 7 août, à la tête de quelques troupes fraîches qui lui étaient arrivées, sur les postes de Contz et de Pellingen. Six bataillons prussiens défendaient ces deux postes ; ils furent chassés, et Trèves, ainsi mis à découvert, fut sur-le-champ occupé.

Cette ville avait reçu quelques émigrés français, et cette raison suffit pour qu'on la taxa à un impôt de guerre de quatre millions.

Les Prussiens, débusqués de Pellingen et de Contz, se reportèrent sur Trarbach et Wittlich pour couvrir Coblentz.

Le corps de Blankestein remplissait aussi le même objet par sa position à Kaiserlech, et un renfort sous les ordres du général Nauendorf concourait aussi au même but.

Nous avions quitté Kayserlautern, pour nous concentrer sur Trèves; les Prussiens se portèrent sur Lautern : ils voulaient brûler les boulangeries de l'armée qu'on y avait établies. Dans cette intention, ils se mirent en mouvement le 17 septembre : le général Wartensleben s'avança entre Grunstadt et Worms avec 10,000 hommes; le prince Hohenlohe prit position à Goelheim, et le général Blucher menaça les postes de Vosges.

Les Français se retranchèrent alors sur les hauteurs de Kayserlautern pour se mettre en mesure contre ces mouvemens offensifs; mais le brave Desaix qui occupait cette position n'avait point une artillerie assez imposante, et malgré ses efforts inouis, malgré un combat à l'arme blanche, qui dura près d'une heure avec une constante opiniâtreté, il fallut abandonner à l'ennemi Kayserlautern, qui retomba en notre pouvoir quelques jours après.

Dans cette affaire nous perdîmes deux mille hommes.

Ce fut à cette époque que le général Jourdan accrut encore sa réputaion militaire par une nouvelle victoire. L'ennemi semblait vouloir lui disputer le passage de la Roër; il l'attaqua avec une grande habileté; son armée, divisée sur quatre colonnes, renversa tout ce qui se présenta sur sa route, et le camp de Juliers, attaqué par le corps de bataille, fut enlevé en moins de deux heures : les redoutes étaient remplies des cadavres ennemis.

Dans le combat qui suivit la prise du camp, et qui fut livré près d'Aldenhoven, nous tuâmes environ 5000 Autrichiens.

La ville de Juliers n'attendit pas qu'on bombardât; elle envoya ses clefs au général f[illegible]s, aussitôt qu'une batterie d'obusiers f[illegible]vée devant ses murailles. La garnison fut envoyée en France, et regardée comme prisonnière.

Les Français trouvèrent dans Juliers un arsenal bien fourni, 50 milliers de poudre et 60 pièces d'artillerie, dont plusieurs en bronze.

Si nous reportons nos yeux sur la Meuse, nous verrons nos troupes combattre avec la même valeur dans le Brabant Hollandais.

Le général Pichegru venait de décider la prise de Bois-le-Duc, et d'en ordonner l'investissement. Cependant, il n'ignorait pas que cette place était entourée de plusieurs forteresses garnies d'une nombreuse artilleries et pourvues de tous les moyens de défense; que les inondations qui s'étendent à trois cents toises à la ronde, font de Bois-le-Duc une île au moment de l'attaque; mais si ces réflexions étaient capables de le détourner de son projet, d'autres lui faisaient mieux espérer d'une entreprise qui au fond n'était point téméraire : il n'ignorait pas que la garnison n'était point suffisante, que le duc d'Yorck n'avait point veillé sur les ressources de la place, que le gouverneur était pusillanime, et ces nouvelles considérations soutenaient son courage.

Une division, commandée par le général Delmas, commença l'investissement le 3 septembre : deux brigades, commandées par les généraux Daëndelz et de Winter, concoururent au même effet.

Le fort d'Orthen, qui sépare Bois-le-Duc

du fort de Creve-Cœur, fut abandonné par les Autrichiens, et de suite occupé : une compagnie s'empara aussi ce même jour du fort Saint-André; mais les fortifications, morcelées pendant l'attaque, ne furent point réparées, et les Autrichiens y rentrèrent.

Les jours suivans l'investissement fut achevé, la place reconnue, et la première parallèle ouverte. On diminua la force des inondations par la prise des écluses de Dièse : en même temps l'attaque du fort Crève-Cœur étant résolue, on traça de ce côté un long boyau de communication. On éleva aussi deux batteries qui furent mises en jeu le 28 septembre. Trois autres batteries furent établies peu de temps après celles-ci, et le 27 le front reçut une grêle d'obus et de boulets. La garnison se rendit : on la laissa jouir des honneurs de la guerre, mais elle jura de ne servir qu'après parfait échange. Nous entrâmes dans Crève-Cœur.

Ce premier succès en fit désirer un second : Bois-le-Duc fut serré de plus près. Le 1er octobre on traça la seconde parallèle et tous les boyaux furent achevés. Plusieurs batteries furent établies à une distance très-rapprochée de la place.

Le 5 octobre le feu commença : l'ennemi tenta une sortie sur l'attaque de la Dièse, mais il fut repoussé vigoureusement par le général Daëndelz. Dans cet engagement périt Lavit, jeune officier de génie d'une noble espérance.

L'artillerie de siége arriva le 9 ; et, avant d'en venir au bombardement, le général Delmas fit sommer le gouverneur de se rendre. Deux jours après celui-ci demanda lui-même la capitulation.

La garnison de Bois-le-Duc fut déclarée prisonnière ; et, comme celle de la place que nous venions de prendre, elle ne dût porter les armes contre la France qu'après avoir été échangée.

Le général du génie Sauviac, qui avait rendu les services les plus signalés pendant ces deux siéges, et qui, en outre, avait été blessé à Crève-Cœur, reçut le titre de gouverneur de ces deux places, et fut chargé des travaux qui étaient à faire pour réparer leurs fortifications.

Après le combat d'Aldenhoven, l'armée ennemie s'était portée sur le Rhin, et plusieurs corps avaient passé ce fleuve à Mulheim. Le général Jourdan, après avoir jeté quelques bataillons dans Juliers, s'était dirigé sur Cologne. Cette ville lui ouvrit ses portes et le reçut avec tous les honneurs dus à sa bravoure, tandis qu'une de nos divisions entrait à Bonn, après un combat où les deux partis s'étaient battus avec acharnement.

Le général Marceau approcha de la ville de Coblentz qu'il avait ordre d'attaquer. Les Autrichiens s'étaient distribués sur les hauteurs qui avoisinent la place. Il s'efforça, par de fausses attaques et des manœuvres inquiétantes, de l'attirer dans la plaine ; mais désespérant d'y parvenir, il marcha sur les retranchemens : les bataillons qu'il avait sous ses ordres demandaient à grands cris le signal du combat ; il profita du moment où l'enthousiasme était porté à son comble ; et loin d'ordonner l'attaque, il feignit de ne l'accorder au soldat que pour se rendre à ses désirs. On voit rarement que ce moyen n'ait pas réussi : Marceau n'eut pas plutôt manifesté cette intention, que dans tous les rangs s'élevèrent des acclamations de joie. Les soldats, animés par cet élan que donne le véritable patriotisme, se précipitèrent sur les retranchemens : sous le feu de l'artillerie ils conservèrent la même ardeur et au milieu des éclats de la mitraille qui pouvaient ou les blesser ou leur donner la mort, les défenseurs de l'indépendance conservaient la même sérénité et faisaient entendre les hymnes républicaines.

Les Autrichiens se défendirent d'abord; mais bientôt ils furent culbutés sous la baïonnette et forcés de se retirer à la hâte sur la rive droite du Rhin après avoir jonché de leurs cadavres le champ de bataille, qui resta en notre pouvoir. Ils abandonnèrent aussi près de 700 prisonniers. Coblentz se rendit après cette défaite, et les Français y entrèrent le 23 octobre.

La prise de cette ville, qui était, selon l'expression du temps, *un repaire* d'émigrés, fut agréable à la convention.

Les Français avaient perdu Kayserlautern et les hauteurs qui commandent cette ville; les alliés s'en étaient emparés. Les généraux Blücher et Karaczay qui étaient à la tête des corps placés sur ce point, furent bientôt attaqués par les républicains : le général Meunier marcha contre eux, et plusieurs des bataillons qui avaient été obligés de plier dans les précédentes affaires, vengèrent la honte dont ils se croyaient couverts. Le choc fut terrible; les avant-postes autrichiens furent surpris, et les soldats qu'ils renfermaient égorgés. Les Français ne firent point de quartier. Ils massacrèrent les alliés qui, effrayés d'une ardeur aussi grande, se jettèrent dans Kayserlautern; mais les vainqueurs les en chassèrent et reprirent les positions qu'ils avaient perdues quelques jours auparavant.

Le 8 octobre, le général Desaix attaqua les alliés sur Franckenthal : ils firent quelque résistance, mais ils furent chassés par des forces supérieures, et Frankenthal tomba au pouvoir des républicains. Alzey et Oppenheim se rendirent le lendemain aux généraux Desaix et Meunier.

Les jours suivans, Mélas et Nauendorf passèrent le Rhin et abandonnèrent Hildesheim, pour prendre position à Audernach. Mayence se fortifiait et l'artillerie de Francfort entrait dans la place.

Les armées du Rhin et de la Moselle réunies entre Bâle et Coblentz, pouvaient combiner plus aisément leurs mouvemens, et le siége du fort de Rheinfels fut ordonné.

Ce fort défendu par la nature, était encore fortifié par l'art, et des batteries nombreuses élevées sur la rive droite du Rhin rendaient la position formidable.

Le général Vincent, chargé de se rendre maître du fort, se déguisa en simple soldat et se jeta dans la campagne : exposé aux coups des tirailleurs ennemis, il fit seul la reconnaissance de la place, et à son retour du camp il ordonna de commencer les travaux et d'élever des batteries. Le feu fut dirigé avec une extrême adresse, et la garnison se rendit quoiqu'elle eût pu long-temps résister. L'officier hessois, chargé de la défense de Rheinfels, fut traduit en jugement pour avoir livré ce poste. On trouva des tonneaux préparés pour faire sauter le fort ; on arracha la mèche à laquelle les Autrichiens avaient mis le feu. La ville de Guverho se rendit après l'entrée des Français dans Rheinfels.

Les jours suivans nous entrâmes à Monbach Weissenau ; nous rencontrâmes l'ennemi près Mayence. La redoute *de merlin* fut enlevée à la baïonnette. Nous fîmes 80 prisonniers, et nous tuâmes 600 Autrichiens. Le 4 décembre les redoutes de Zalbach furent emportées d'assaut et remplies des cadavres de 600 Autrichiens : nous y trouvâmes un obusier et plusieurs pièces d'artillerie.

Ici l'hiver mit fin aux opérations des armées du Rhin et de la Moselle ; et, quand Mayence fut prise, ce qui arriva en 1795, la nouvelle de la paix mit fin aux hostilités.

Les Espagnols, après s'être retirés de Figuières, ne disposèrent plus leurs attaques que contre le général Augereau, qui était resté dans cette place. Deux autres divisions françaises furent dirigées l'une sur la ville des Roses, l'autre vers des quartiers d'hiver, où une épidémie contagieuse devait la dévorer ; elles n'eurent rien à redouter des corps qui avaient été battus sur la montagne Noire. Le général Moncey et quelques divisions prirent aussi leurs quartiers d'hiver.

Le marquis de l'As-Amarillas, qui avait remplacé le comte de la Union, fut destitué; le général don Joseph Urrutia vint prendre sa place. Celui-ci trouva un corps posté à Costeroche, un autre corps d'avant-garde à Oriole. Il ne changea rien à ces dispositions : il établit son quartier-général à Servia ; et pour étendre sa ligne, il jeta des corps jusqu'à Escala, qu'il avait à sa droite, et jusque sur Banolas, qu'il atteignit de son extrême gauche : il resta plusieurs jours dans cette position ; et, s'il exécuta quelques nouveaux mouvemens, ce fut pour établir une communication avec Campredon.

Les Français étaient cantonnés sous Figuières, et leurs avant-postes s'étendaient jusqu'à Bascara. Le général Augereau occupait Costella, où il venait de tracer un camp.

Les derniers mois de 1794 se passèrent sans aucune affaire décisive : les deux armées restèrent dans l'inaction, ou livrèrent des engagemens partiels : le poste de Bascara fut tantôt occupé par les Français, tantôt par les Espagnols, et la petite plaine de Fluvia était le champ de bataille où s'engageaient les combats qui devaient décider du sort de Bascara. Cependant, le 10 janvier, les Espagnols devinrent plus entreprenans. Le capitaine Pineda vint attaquer un camp qu'Augereau avait à Pla-del-Coto, et faillit terminer son entreprise avec honneur : il était parvenu au camp et avait égorgé toutes les sentinelles, lorsque l'alarme se répandit parmi les Français : avertis du danger par la défense de 150 artilleurs qui veillaient à la garde du camp, ils prirent les armes : alors le combat devint sanglant. Le capitaine Pineda, tué à la tête de ses soldats, fut remplacé par un officier qui fit autant que lui preuve de courage; les Français se servirent de la baïonnette, ils eurent l'avantage, et les vainqueurs, forcés d'abandonner les prisonniers qu'ils avaient faits, les canons qu'ils avaient encloués, cherchèrent leur salut dans la fuite, et se jetèrent dans des routes creusées à travers les montagnes.

Pendant que nous nous défendions au camp de Pla-del-Coto, nous attaquions avec opiniâtreté la place de Roses. Le général Pérignon, chargé du siége, s'était déjà rendu maître du fort du Bouton, et de celui de la Trinité.

Alors Urrutia tenta d'opérer en faveur de la garnison de Roses, une diversion qui détourna les Français de poursuivre le siége de cette place; mais les dispositions qu'il prit pour parvenir à son but, furent mal exécutées, et Pérignon, malgré l'opiniâtreté des assiégés, se rendit maître de la ville.

Le général La Romana, si célèbre dans une des dernières guerres, montra une grande habileté dans une tentative essayée contre deux de nos cantonnemens; et, sans l'imprudence d'un caporal espagnol qui tira son coup de fusil en réponse au *qui vive* d'une de nos sentinelles, il n'eût peut-être point été forcé de battre en retraite; après un combat désavantageux, et de rétrograder jusqu'à Bezalu, dont il était parti pour entreprendre son excursion.

Le général Pérignon poursuivait toujours son entreprise, quelques obstacles qui parussent s'opposer au succès : en effet, Roses avait dans son port treize vaisseaux de ligne, et plusieurs autres bâtimens commandés par l'amiral Langara. Cette flotte pouvait ravitailler la place, renouveler sa garnison; et c'était une des circonstances les plus favorables qu'une ville puisse rencontrer dans une situation pareille.

Le 15 novembre environ, le général français était arrivé à la vue de la ville de Roses. Le 28, il s'empara du village de Garriga, et y établit deux batteries, l'une de quatre pièces de vingt-quatre, de deux obus et de deux mortiers, l'autre de deux pièces de vingt-quatre, et d'un obus. Ces batteries foudroyèrent la forteresse qui avoisine le village, et une troisième batterie, plus forte que ces deux premières, fut montée les jours suivans. Les Espagnols, instruits de la position que cette dernière occupait, et sentant combien elle pouvait leur faire de mal, résolurent de l'attaquer : ils arrivèrent jusqu'à la tranchée, surprirent, égorgèrent les sentinelles avancées, et déjà ils remplissaient la hauteur, quand ils furent repoussés jusque dans la place.

Le 6 décembre, Pérignon fit occuper plusieurs mamelons qui dominaient la ville, et éleva sur chacun deux une nouvelle batterie.

Le 7, le bombardement commença, et les dégâts qu'il occasionna furent assez grands pour que les assiégés se décidassent à une sortie. Ils se jetèrent sur les ouvrages ; mais cette fois encore, ils furent reconduits jusque dans l'enceinte de leurs murailles, et poursuivis l'épée dans les reins.

Le général Pérignon voyait cependant le siége traîner en longueur ; il jugea que le moyen qu'on avait à employer pour ôter aux assiégés la confiance qu'ils paraissaient avoir, était la prise du fort du Bouton : ce fort une fois occupé par les Français, la place devait se rendre. Pour parvenir à ce but, il fit élever des batteries sur une hauteur escarpée, appelée Puig Bon, et qui dominait le fort : l'artillerie qu'on y porta fit un feu terrible sur les pièces du Bouton et sur la flotte. Alors les travaux du siége devinrent plus faciles, et les assiégés, dont les pièces étaient démontées les unes après les autres, ne purent inquiéter les travailleurs occupés à l'ouverture des parallèles. Le 1.er janvier, le fort de la Trinité cessa son feu, ses pièces étaient démontées :

les Français furent alors favorisés par les élémens : une tempête affreuse se déclara, et la flotte qui eût pu défendre encore quelque temps la ville, agitée par une mer furieuse, fut dispersée : plusieurs bâtimens jetés sur la côte y furent considérablement endommagés. La garnison, n'espérant plus aucun secours, évacua la place, et au milieu de ce désordre, monta sur ceux des vaisseaux qui pouvaient encore tenir la mer.

Le fort du Bouton avait riposté par neuf cent quarante-deux boulets aux batteries des assiégeans : celles-ci en avaient lancé deux mille deux cents quatre-vingt depuis le commencement du siége.

Pérignon concourut plus qu'aucun autre officier de son armée à la prise de la place : il ne se contentait pas de commander, il pointait lui-même, il chargeait à la tête des siens, quand les assiégés faisaient une sortie; enfin on le voyait partout, et partout il bravait la mort avec le même sang-froid. Un jour qu'assis sur un quartier de rocher il commandait les manœuvres, une bombe tomba à côté de lui, et brûla un pan de son habit : on l'avertit du danger, on lui crie de se retirer; immobile, il donne ses ordres avec la même tranquillité, et, au milieu des éclats qui l'environnent de tous côtés, il conserve la même sérénité. Sous un tel capitaine, quels soldats n'eussent fait des prodiges!

Le 31 janvier, les assiégeans sortirent de la tranchée, et le brave Pérignon, à la tête de ses grenadiers, enleva les retranchemens malgré le feu des pièces que la place employait encore à sa défense. Bientôt la brèche fut ouverte, et trois mille échelles étant apportées de Figuières, on allait tenter l'assaut. Le général Dormingo Yzquiérdo, gouverneur de la place, fut instruit de cette résolution; il sortit de la ville pendant la nuit, Roses tomba au pouvoir des Français; et, quoique le siége eût été long, et le feu terrible, il paraît que de part et d'autre, le nombre des morts fut peu considérable.

Le comité de salut public, sur la motion de Cambacérès, un de ses membres décréta que l'armée des Pyrénées orientales ne cessait pas de bien mériter de la patrie.

Après l'occupation de la ville de Roses, le général français concentra ses forces, et rappela la division Augereau qui était restée à Figuières, Le général espagnol, ayant reçu de nombreux renforts, et 40,000 hommes qui formaient la garnison de la place, prit de nouvelles positions, couvrit Campredon par plusieurs postes, et se tint sur la défensive.

La Fluvia coulait entre les deux armées.

Le 18 février, une attaque eut lieu sur toute la ligne espagnole. Les Français s'avancèrent sur cinq colonnes, le combat fut opiniâtre, et ce ne fut qu'après deux heures d'une lutte sanglante et inutile qu'on se sépara. L'ennemi conserva les postes de Bar, d'Aristot et de Bezach, qu'on avait assaillis dans le premier choc, et nous nous retirâmes sur la Segre, où nous prîmes position.

Le 28, Pérignon reprit l'offensive; et, pour réussir plus sûrement dans cette seconde tentative, il résolut d'employer un stratagème. Il ordonna à tous les corps de cavalerie qui manœuvraient sur la droite, d'inquiéter l'ennemi, tandis qu'il se porta à la gauche, et disposa tout de ce côté pour tomber sur les postes au moment où ceux qui les gardaient seraient occupés par l'attaque simulée. Malheureusement le général Urrutia devina les intentions de son ennemi, et, sans répondre à une attaque qu'il savait feinte, il se mit principalement en garde du côté où Pérignon devait porter les plus grands coups. Aussi quand cinq mille hommes d'infanterie et trois cents chevaux commandés par le général de brigade Charlet, débouchèrent sur Bézalu ; ils trouvèrent, contre leur attente, un ennemi bien disposé à les recevoir, et furent victimes d'une manœuvre imprudente : une colonne espagnole enfonça notre division, tandis qu'un escadron de cavalerie la déborda sur la gauche, et nos malheureux soldats, qui ne s'attendaient à aucune résistance, se retirèrent et se noyèrent dans la Fluvia, en voulant passer ce fleuve à la nage.

Un autre engagement eut lieu sur Banolas, mais avec aussi peu de succès ; le général Charlet, opposé au général espagnol O-Farril, fut encore une fois trompé par la tactique de l'ennemi, et contraint de se retirer dans le bois de Sernia.

Le lendemain, un poste espagnol, établi dans le village d'Illorana, fut attaqué et enlevé à la baïonnette par les Français, mais repris un instant après par ses premiers possesseurs.

Le général Augereau eut plusieurs combats à soutenir contre les *Soumatens* : des prêtres conduisaient ces soldats qui ont été remplacés dans les dernières guerres par les Guérillas.

Un certain chanoine, nommé Cuffi, se présenta à la tête des bandes dans ces affaires : battus en plusieurs endroits, et surtout à Rocapruna, il fut poursuivi l'épée dans les reins jusque dans le défilé du pont de Mont-Falgas, où il se jeta avec ceux qui le suivaient encore. Le 24 et le 26 avril, de nouveaux engagemens eurent lieu contre les troupes réglées. Bascara fut le point sur lequel on en vint le plus souvent aux mains. Ce poste était occupé par des Français : ils le perdirent le 28, après un combat sanglant, qui dura cinq heures environ, et les Espagnols s'avancèrent jusqu'à San-Pedro Pascador.

La famine et une épidémie cruelle causèrent alors d'affreux ravages dans l'armée française, et ce ne fut qu'au retour du printemps que le soldat se vit délivré par l'heureuse influence de la saison, d'une partie des maux qui l'accablaient. L'armée espagnole, au contraire, recevait des renforts, des vivres, des munitions de toute espèce ; et cependant ce furent les soldats républicains qui les premiers reprirent l'offensive.

Le 9 mai, un camp que l'ennemi occupait sur la montagne de Marquirnechu, fut attaqué par le général Marbot, et cet officier surpassa l'attente de ses chefs, par l'énergie et l'adresse qu'il déploya dans cette entreprise : sans une brume épaisse qui fit perdre à l'une de nos colonnes la route qu'elle devait tenir. L'ennemi eût vu périr la moitié de son monde, et le nombre des prisonniers eût été double. Au reste, le camp de Marquirnechu resta en notre pouvoir, et le soir du même jour nous culbutâmes, à l'aide de ses batteries, plusieurs bataillons qui s'avancèrent pour le reprendre.

Nos troupes de l'occident étaient ainsi accablées par les maladies, suite indispensable des privations qui leur étaient imposées, tandis que les soldats, commandés par Pérignon, et qui combattaient dans la partie opposée de l'Espagne, jouissaient d'une pleine santé, et ne cessaient de lutter avec avantage contre un ennemi effrayé par leur contenance formidable. Il est vrai qu'ils ne faisaient point de progrès bien sensibles, mais ils présentaient une ligne impénétrable à une armée bien supérieure en nombre, et il est presque aussi glorieux de résister ainsi que de remporter des victoires.

Cette armée, toujours en ligne sur la Fluvia, fut attaquée, le 9 mai, par Urrutia : un de ses maréchaux de camp, nommé Vivès, fut chargé de tourner la gauche du général Schérer : cette manœuvre réussit, nos postes furent enlevés, et le camp de Cistella, évacué par nos soldats, fut mis au pillage. Les Espagnols crurent n'avoir plus rien à craindre, et déjà ils étaient occupés à brûler les tentes, les effets de campement, lorsque trois mille hommes, venus des camps de Sierra-Blanca et de Lierre, revinrent à la charge, et s'unirent aux bataillons chassés de Cistella. La victoire changea tout à coup de côté, le camp fut repris, et Vivès se retira, après l'avoir jonché des cadavres des siens.

Dans le même moment, on se battait au centre : Arias, qui était dirigé sur ce point par le comte Urrutia, n'était pas arrivé à moitié chemin du camp, qu'il voit les Français accourir à sa rencontre. L'affaire qui s'engagea fut encore sérieuse, mais le succès resta indécis : après s'être battu avec un égal acharnement, on se sépara sans qu'aucun des deux partis restât maître du champ de bataille. La droite de l'armée française ne le céda point aux autres corps dans cette journée : elle marcha au-devant du général O-Farril, qui s'avançait contre elle ; mais celui-ci eut assez de prudence pour rétrograder sans avoir tiré l'épée.

Les Français essayèrent ensuite plusieurs attaques avec aussi peu de succès que les Espagnols l'avaient eux-mêmes tenté : des bandes de Soumatens se représentèrent encore; et, si les Français étaient indignés de voir des prêtres conduire au carnage ces paysans, ils ne pouvaient refuser leur admiration à la bravoure qui les distinguait.

Le 26 mai, l'armée française renouvela une attaque tentée vainement depuis plusieurs jours : le général en chef disposa son monde sur trois colonnes, une qui devait attaquer la gauche des Espagnols, et une autre qui devait tourner leur droite, tandis qu'une troisième enfoncerait leur centre. Toutes les dispositions furent prises, et le plan paraissait bien combiné; mais les généraux, chargés de diriger l'opération, se laissèrent prévenir par les Espagnols; et cette faute compromit le salut des républicains. Au lieu de passer la Fluvia, ils lancèrent quelques boulets perdus dans l'infanterie qui était rangée en bataille sur l'autre rive. Ce signal fut compris par l'ennemi; il fit passer sa cavalerie qui tomba sur nos bataillons peu disposés à la recevoir, et qui donna le temps à l'infanterie d'effectuer aussi son passage. Par ces manœuvres, l'affaire fut engagée sur la rive que nous occupions, et tout le désavantage fut de notre côté.

Cependant nous reprîmes bientôt des positions plus sures, à l'abri d'un corps placé sur les hauteurs d'Armada, qui protégea notre retraite.

L'armée des Pyrénées occidentales continuait de diriger tous ses efforts contre la montagne de Marquirnechu, dont l'occupation lui semblait très-favorable. Le 28 juin, le général Raoul passa un gué difficile sous le feu d'une artillerie nombreuse et bien servie; il s'empara du pont de Madariaga, et tomba sur les Espagnols, qui prirent la fuite remplis d'épouvante. Les Français trouvèrent dans les redoutes de Madariaga un drapeau et neuf pièces de canon. Dans le même moment, le général Willot et dix bataillons chassaient le général Crespo de la position d'Elosna, et le forçait de reporter son quartier-général jusqu'à Mondragon. La droite de l'armée espagnole, commandée par Filiangheri, était à Lecumbery. Quatre colonnes s'y portèrent le 3 au matin, de manière que, s'il n'eût pas évacué pendant la nuit, il eût été pris en même temps sur son front, sur ses flancs, et sur ses derrières.

Le général Crespo s'était retranché sur les hauteurs d'Irurzun ; il fut encore débusqué de cette position formidable, où les Français établirent leur centre, après sa fuite. Il serait difficile de suivre ici nos guerriers dans leur marche triomphale ; nous mettrions plus de temps à écrire leurs victoires qu'ils n'en mirent à les remporter. Le général Crespo, toujours vaincu, fut chassé successivement de Durango, où il perdit quinze canons et seize milliers de poudre ; des montagnes d'Urbina, où le général Dessein arriva aussitôt que lui ; de Biblao, où les troupes de la république entrèrent le 17 juillet, et du col d'Ollareguy, où il livra le dernier combat qui illustra la fin de cette campagne. La division Saint-Jean-Pied-de-Port obtenait aussi des résultats satisfaisans dans plusieurs combats partiels, quand les hostilités cessèrent : les deux armées reçurent la nouvelle de la paix. L'Espagne, après des négociations qui durèrent peu de temps, venait de reconnaître la république française, et d'obtenir son alliance.

CHAPITRE XI et dernier.

Prise de l'île de Cassandria. — Prise de Venloo. — Occupation de Nimègue. — Prise du fort de Grave et de l'île de Bommel. — Conquête des Anglais dans la Martinique. — Suite des opérations de l'armée du Nord ; prise d'Heusden. — Prise d'Utrecht. — Reddition de la forteresse de Gorcum. — Entrée des troupes françaises dans Amsterdam. — Prise de Dordrecht, de Rotterdam, de La Haye et de plusieurs autres places. — Prise d'une escadre hollandaise par un corps de cavalerie française. — Capitulation de la Zélande. — Conquête entière de la Hollande. — Fin de la guerre contre la Prusse, traité de paix entre ce royaume et la république française.

QUAND les conventionnels Lacoste et Richard ordonnèrent aux généraux français de s'emparer du fort de l'Ecluse, Moreau fut chargé d'une tentative sur l'île de Cassandria : la disposition des lieux était telle que l'occupation de cette île pouvait seule compléter l'investissement du fort. Cependant on ne pouvait pénétrer dans Cassandria que par une langue de terre fort étroite, qui portait une batterie de 16 pièces de canon. L'obstacle paraissait insurmontable, le danger était imminent, mais la division commandée par le général Moreau ne savait rien d'impossible, rien d'effrayant; l'isle fut attaquée, et les Hollandais se virent contraints de la quitter.

Le 24, on tenta quelques attaques, mais sans un grand succès : l'ennemi reçut les assaillans avec bravoure, et des chasseurs français, emportés par une valeur inconsidérée, eurent à se repentir de n'avoir pas écouté la voix de leurs chefs. Le point important était la conquête de l'isle : le commandant du génie, Dejean, s'occupa de la construction d'un pont, et les matériaux que ce projet rendait nécessaires furent bientôt apportés sur le canal de Coxysche. Les brigades de Vandamme et de Moreau n'attendirent pas la fin de ces ouvrages, dont l'entreprise était difficile par le petit nombre de bateaux que l'on pouvait trouver, et sous Klinkerke elles tentèrent un passage, en face du camp hollandais. Trois pièces de huit furent placées en batterie, et l'ennemi menacé se disposa sur ce point à une vigoureuse résistance. Dans le même moment, une autre attaque est dirigée du côté de la digue, par la brigade du général Laurent, et l'ennemi ne sait plus sur quel point il doit présenter un front redoutable. Il exécute des marches, des contre-marches : ses craintes et son inquiétude se peignent dans tous ses mouvemens : enfin il se décide et se présente sous Klinkerke : alors nos colonnes, disposées à l'attaque, s'indignent de la lenteur avec laquelle on travaille aux ponts qui doivent les porter dans l'isle. Les soldats veulent, sans ponts, sans bateaux, traverser le canal : ils demandent par des cris le signal du départ; les généraux n'osent refuser à leurs braves divisions ce qu'elles désirent avec tant d'ardeur. L'enthousiasme se communique dans tous les rangs, on entend les cris mille fois répétés de *Vive la Nation! Vive la République!* Des chasseurs et des grenadiers se jettent dans les bâtelets, et les unissent les uns aux autres avec leurs mouchoirs, leurs cravates; d'autres, plus intrépides peut-être, traversent le fleuve à la nage; tous s'avancent avec une froide intrépidité sous le feu d'une artillerie meurtrière. Ils descendent enfin sur l'autre rive, et les Hollandais, déconcertés par une détermination aussi courageuse, fuient avec rapidité : les troupes françaises restées dans le camp venant les charger sur le bord du canal, leur déroute est complète. Les officiers de génie continuèrent cependant les travaux dont ils avaient été chargés ; à neuf heures du soir un pont fut construit sur la droite de Klinkerke. L'infanterie et la cavalerie commencèrent aussitôt à passer dans l'île, et à minuit le général Laurent n'ayant pu s'assurer, dans l'obscurité d'une nuit très-sombre, du succès de cette seconde attaque, l'on resta dans l'inaction jusqu'au jour par l'impossibilité où l'on se trouvait de combiner ses mouvemens. Le lendemain la jonction s'opéra, et l'on continua de prendre du terrain. Les Français se rendirent maîtres de Breskens et de Walcheren, et coupèrent ainsi la communication de l'île avec Flessingue. Enfin, le poste de Biervliet se rendit, et l'île entière fut occupée.

Dans la nuit que l'on avait passée à bivouaquer, deux volontaires nommés Bralet et Lebeau donnèrent un exemple rare de bravoure et de succès. Une belandre était restée dans le sable près de la redoute d'Ardenbourg; ils se rendirent à la nage sur ce bateau, et le conduisirent sur la rive gauche, lorsque la mer, dont ils attendirent la marée montante l'eût mise à flot; ils reçurent du comité de salut public, pour prix de cette action d'éclat, des brevets de sous-lieutenant.

On trouva dans l'île des munitions de toute espèce, des magasins de vivres considérables, des caissons, des instrumens de siége, plus de 60 milliers de poudre, plusieurs milliers de fusils, une grande quantité de tentes et cent pièces de canon.

Les volontaires Bralet et Lebeau ne furent point les seuls qui illustrèrent cette journée par des actions d'éclat. Lors du passage du canal, deux sergens, Ventre et Debeuguy, et un caporal nommé Bouvard, traînèrent à la nage des batelets chargés de leurs camarades; et cette manœuvre hardie, ils la répétèrent plusieurs fois sous le feu des batteries ennemies. Bouillet, capitaine des carabiniers au 14.e régiment, montra pendant toute l'attaque un sang-froid imperturbable : il s'avança seul devant une batterie, et armé d'une carabine, il ajusta plusieurs canonniers et les abattit sur leurs pièces.

Plusieurs autres sous-officiers traînèrent aussi des bateaux chargés de leurs camarades, et tous les soldats rivalisèrent dans cette journée de dévouement et de patriotisme.

Le général Moreau donna l'exemple du courage, et sauva plusieurs soldats qui sans lui eussent péri dans le canal : il se jeta à la nage, et ramena sur la rive le bateau qui les portait, et qui allait être submergé par le courant.

La Convention reçut avec joie la nouvelle de la prise de Cassandria, et l'on décréta que les braves qui avaient combattu dans cette dernière affaire, méritaient des actions de grâces: on cita aussi avec honneur tous ceux qui s'étaient distingués dans cette journée, et leurs noms furent offerts à la reconnaissance publique.

Le 23 octobre, on se présenta devant Venloo : les généraux de brigade, Laurent et Vandamme, furent chargés d'investir la place, et le général Compère de défendre les travailleurs occupés à l'établissement d'un pont. Le général Pichegru tomba alors malade, et Moreau, chargé de le remplacer, remit les soins du siége au général Laurent. Sans artillerie de siége, sans forces réelles, celui-ci ne devait oser prétendre au succès. La place avait quatre mille hommes de garnison, et ses remparts, garnis de cent cinquante pièces de canon, paraissaient devoir nous arrêter long-temps. Cependant toutes les dispositions furent faites pour forcer les assiégés de capituler ; le front d'attaque fut établi sur la haute et la basse Meuse. Le fort de Saint-Michel fut aussi assailli. Pendant que l'ennemi était occupé à répondre à ces différentes tentatives, on ouvrit la tranchée, et les travailleurs ne furent point inquiétés par le feu de la place. Le commandant Poitevin, aujourd'hui comte de Maureillan, fut chargé de tracer les parallèles, et de présider tous les travaux du siége. Quelques jours après les assiégés exécutent une sortie, et s'emparent de la tranchée ; mais un bataillon du Finistère s'avance avec la brigade du général Laurent, et les force bientôt de fuir et de se mettre à l'abri derrière les remparts de la place. Les travaux n'en furent pressés qu'avec une plus grande activité : de nouveaux officiers de génie vinrent aider le commandant Poitevin dans ses travaux : des batteries furent établies contre le fort Kingel, et ce point fut attaqué.

Le lendemain 24 octobre, le général Laurent envoya un parlementaire sommer la place de se rendre. D'abord les propositions furent très-mal reçues ; mais bientôt on les accueillit un peu mieux, et la place se rendit après avoir tergiversé deux jours. La capitulation fut avantageuse, et la garnison sortit de la place avec tous les honneurs de la guerre, ses armes et ses bagages.

La Convention reçut la nouvelle de ce nouveau triomphe avec indifférence, et ne voulut point prendre en considération le peu de ressources que le général Laurent avait à sa disposition, et la force réelle d'une place munie de magasins de toute espèce, et capable de soutenir un long siége.

La reddition de cette place importante, très-aventageuse à la cause publique, valut au général Laurent l'estime de tous les militaires qui accordèrent à sa conduite les éloges qu'elle méritait. On trouva dans la place cent soixante pièces de canon, trente mortiers, deux cents milliers de poudre, sept mille fusils, et des arsenaux bien fournis.

Minegen fut attaqué le 26 octobre : le général Moreau, accompagné de plusieurs officiers généraux, et du général du génie Dejean reconnut la place et l'investissement fut ordonné. La 1.ère division de l'armée, aux ordres de Soubam, et le général Bonneau, furent chargés du blocus.

Le 31, l'artillerie de siége arriva, et des

batteries furent établies à Lamont et au Wahal. Les canons qu'on plaça sur ce point furent spécialement destinés à détruire deux ponts au moyen desquels les Anglais communiquaient avec la place.

Le général de brigade Dejean, fit ouvrir la tranchée, et à dix heures du soir, les travailleurs français chassèrent un corps de troupes ennemies du poste de la Gloriette; mais ils ne purent le conserver : l'ennemi fit peu de jours après une sortie; et, comme on ne s'était point mis en garde contre ses tentatives, il obtint d'abord quelque avantage, mais le général Jardon le tourna sur sa droite, et les assiégés rentrèrent dans la place, après avoir perdu une centaine d'hommes.

Le 7 novembre, on attaqua l'ouvrage le plus avancé des fortifications de Nimègne : l'adjudant-général Dardenne montra en cette occasion un courage et une habileté qui lui valurent de grands éloges de ses chefs. Le pont volant jeté par les Anglais fut enlevé par les boulets que nos artilleurs lancèrent avec une adresse étonnante.

Les Anglais, renfermés dans Nimègue, évacuèrent la place, et les Français y entrèrent avec précipitation à la nouvelle de cette retraite. Quatre cents Hollandais qui quittaient la rive sur un bac, furent pressés par l'artillerie anglaise, et, sans le général Souham, ils allaient périr dans le fleuve, sous les boulets lancés par les alliés. Ce généreux Français fit plus; il fit avec cette garnison une feinte capitulation pour mettre Nimègue à l'abri du pillage.

Les Français trouvèrent dans la place 80 bouches à feu, 8000 fusils et de nombreux magasins.

Voilà quels exploits illustraient des soldats que le plus affreux dénuement eût pu conduire au désespoir : jamais vainqueurs n'éprouvèrent plus de misère, au milieu de tant de gloire.

Après la prise de Nimègue, les soldats républicains n'eurent pas moins à souffrir : leur position devint de plus en plus critique, et une pluie continuelle dans un pays marécageux acheva de rendre leur position pénible à garder. Cependant, malgré le manque de pain et de chaussure, malgré l'avidité des fournisseurs et tous les maux qui assiégeaient l'armée, les représentans conventionnels, retirés dans de riches palais, au milieu de toutes les jouissances de la vie, commandaient les combats, les marches, et recueillaient tous les lauriers que les braves soldats achetaient au prix de mille privations, au prix même de leur sang. Ce fut alors que ces commissaires, qui de tout temps se chargèrent de conduire les armées, crurent nécessaire de prendre l'île de Bommel : ils ne réfléchirent point que l'on avait peu de battaux, et que le Wahal était à traverser : ils ne prirent point non plus en considération que le débordement des rivières pouvait rompre les communications du corps qui eût été chargé de l'expédition avec le gros de l'armée. Moreau fit des représentations aux conventionnels, mais il ne fut point écouté : l'attaque fut résolue. Quatre compagnies passèrent le fleuve, se précipitèrent sur les batteries, et enclouèrent quelques canons, mais elles ne purent long-temps résister, et retournèrent sur la rive opposée. Ce premier échec ne fit point revenir les proconsuls d'une erreur coupable. Ils préféraient la ruine de l'armée à la honte de s'être trompés : on attaqua avec aussi peu de succès le fort Saint-André, et une grande quantité de Français périt dans cette seconde affaire. Le débordement des eaux mit un obstacle insurmontable à ces opérations militaires, et les troupes prirent enfin quelque repos.

Dans le même moment où ces choses se passaient, nous entrâmes dans l'île de Bommel, et nous prîmes, après plusieurs combats, une centaine de bouches à feu à Lemain. Le général Salm entra dans la place de Grave, dont le gouverneur avait résisté avec une intrépidité généreuse : la garnison, forte de quinze cents hommes environ, fut envoyée en France pour y rester prisonnière.

Nous avons parlé dans cet ouvrage de l'incendie du Cap français, de la révolte de Saint-Domingue. Il devient nécessaire de rapporter ici, pour lier les faits, divers événemens qui eurent lieu dans les colonies françaises d'Amérique.

Les commissaires Polverel et Santhonax furent rappelés en France le 17 mai 1794, et quittèrent Saint-Domingue, où l'anarchie exerçait toujours ses fureurs : avant leur départ, un mulâtre, nommé Pinchinat, livra par trahison Port-au-Prince aux Anglais pour faire égorger Santhonax, qui s'y trouvait alors. Cette place fut reprise ensuite par les insurgés.

La Guadeloupe, envahie par le général Rochambeau, fils du maréchal de ce nom, fut confiée au commandement de M. de la Crosse, nommé en remplacement de Benhagne, ancien gouverneur; mais ce dernier, indigné de la perte de son pouvoir, se joignit à une escadre anglaise, commandée par le général Gardner, et se jeta sur la Martinique : le débarquement eut lieu; et, si Rochambeau n'avait écarté le danger par sa fermeté, les suites en eussent été funestes. Le 4 février 1794, parut une autre flotte anglaise, forte de quatorze mille hommes de troupes réglées, et contenant en outre un grand nombre d'émigrés : cette fois, le succès couronna l'entreprise : La Crosse revint en France, et Rochambeau, qu'on avait voulu assassiner, se retira dans la ville de Saint-Pierre. Il y fut attaqué, et capitula après quarante-deux jours de siége, et trente-deux de tranchée ouverte. Le traité fut signé sur la brèche, et la garnison, qui n'était qu'une poignée d'hommes, sortit avec les honneurs de la guerre. Rochambeau, malade, se fit transporter à Philadelphie, près de Wasinghton, l'ami de son père. Dans la nuit du 6 au 7 octobre, le général Rigaud enleva d'assaut la ville de Léogane, que les rebelles voyaient avec peine entre les mains des Anglais. Le 29 décembre, le même officier chassa encore les Anglais de Tiburon, et arma ses nègres avec les fusils trouvés dans cette ville. L'année 1794 n'offrit point d'autres événemens remarquables.

Cependant, les soldats de l'indépendance ne rencontraient point d'obstacles insurmontables, et triomphaient à-la-fois de leurs ennemis et de l'intempérie des saisons. L'hiver n'était plus le temps du repos, et les fleuves, devenus praticables par la congélation de leurs eaux, étaient franchis par les troupes républicaines. L'ennemi perdait les retranchemens naturels dont il s'était entouré en prenant des positions savamment étudiées : il était souvent attaqué dans ses camps lorsqu'il croyait encore les Français occupés à construire des ponts pour passer les rivières qui devaient les arrêter dans leur course. Ce nouveau genre de combat acheva la perte des coalisés : effrayés de l'intrépidité de nos soldats, ils n'osaient plus leur opposer aucune résistance, et les places n'étaient pas complètement investies, qu'elles étaient déjà rendues. D'un autre côté, les Français cessaient d'estimer leurs adversaires, et se présentaient sur le champ de bataille, avec la certitude de vaincre. De là sans doute cette source de triomphes qui illustrèrent la valeur française en 1794, et au commencement de 1795. De là nos prodiges en Hollande, et la conquête de ce pays que la nature elle-même semblait défendre.

Cependant les armées coalisées opéraient un mouvement de centralisation : le gros de l'armée hollandaise, les Anglais et les Autrichiens se rassemblaient entre Gorcum, Kuilenburg et Wesel.

Cette nouvelle position eût pu rendre un moment indécis le général français, et l'empêcher de poursuivre ses avantages; mais il connaissait l'esprit qui animait ses soldats, il savait combien les généraux ennemis étaient peu estimés, et par conséquent peu craints dans notre armée; il ne balança point à continuer sa marche, et il attaqua l'ennemi. Le duc de Brunswick, au commencement de cette guerre, avait perdu, par l'imprudence d'un manifeste impolitique, tous les avantages de ses premiers succès; le duc d'Yorck, par une faute de ce genre, venait de confirmer l'opinion défavorable que ses alliés et ses ennemis avaient conçue de ses intentions. Ce général, après avoir vainement tenté de s'emparer de la Flandre, et donné par cette entreprise un air de fausseté, aux intentions des princes coalisés, jugea qu'il devait retourner en Angleterre, et abandonna l'armée combinée, anglo-hanovrienne, au commandement du général Walmoden. Celui-ci conserva les positions où le duc s'était établi; la droite resta à Pannerden, et la gauche à Kuilenburg; vingt mille Autrichiens se portèrent entre Arnheim et Wesel.

Pendant ce temps, le Vahal gela, et Pichegru qui n'avait pu le traverser près de l'ile de Bommel, ordonna à ses troupes de se porter vers Nimègue, et de tenter le passage. Le 9 janvier 1795, la brigade Salm ayant passé le fleuve, se partagea sur Geldermalsen et Metternen. Le général Dewinther, commandant une brigade de cette division, s'empara de Thiel, et poussa des reconnaissances jusqu'à la Linge : le lendemain, la droite s'ébranla et suivit le même mouvement : plusieurs colonnes passèrent sur différens points à Millingen, à Oise-sur-Bommel, et à Koderzun-sur-Gente. Ces petits corps avaient à peine effectué leur passage, que le général Macdonald, à la tête de ses grenadiers, s'empara du fort de Knossembourg, et y prit une position provisoire. Plusieurs postes anglais furent aussi enlevés, et la brigade autrichienne de Spock fut repoussée sur Arnheim, après un engagement où les deux partis montrèrent autant de bravoure que d'opiniâtreté. Une circonstance nous favorisa dans ces opérations, ce fut l'absence du corps d'Abercrombie : ce général, envoyé par le conseil de guerre de l'armée ennemie pour reprendre la ligne de la Linge, dont on regrettait la perte, avait pris de fausses routes, et ne put, dans les journées du 9 et du 10 janvier, s'opposer à notre débarquement. Cependant, le 10, il apprenait la position critique de l'armée coalisée; il se mit de suite en marche avec ses troupes d'élite, dans l'espérance de joindre les postes hanovriens à Linden; mais il trouva dans ce village la gauche de la division de Macdonald, et fut contraint de repasser le Leck, pour éviter un combat qu'il prévoyait devoir être inégal. Quelques corps hessois et hanovriens exécutèrent le même mouvement de retraite, et par contre la division du général Souham s'empara de toute la ligne de la Linge, et y établit des postes à distance rapprochée. D'après la position observée, les brigades des corps hessois, anglais et hanovriens étaient opposés à la droite de l'armée française, et la division du général

Abercrombie, à la gauche, où commandait le général Macdonald. Un seul corps autrichien dirigé par le général Alvins, s'y était bravement défendu, lors de notre première attaque, et si toutes les divisions de l'armée ennemie avaient imité l'exemple que celle-ci lui donna, il n'est pas certain que nous eussions réussi dans notre tentative.

A la suite de ces combats partiels, deux postes furent enlevés à la baïonnette, celui de Workum et de Lœvestein : la petite ville d'Heusden, sur la Meuse, fut attaquée et prise : les marais dont elle était entourée la protégèrent en vain. Elle fut bloquée, et ouvrit ses portes le 14 janvier. Le général Pichegru trouva dans la place cent soixante-treize bouches à feu, et cent cinquante milliers de poudre : la garnison, forte de douze cents hommes, fut dirigée vers le centre de la France, pour y demeurer prisonnière.

On n'avait point livré d'affaire générale, mais le cours des événemens était en quelque sorte déterminé par les combats partiels qu'on venait de gagner : par la position respective des troupes, ces combats étaient devenus décisifs. Les Français, établis derrière le Wahal, et sur toute la ligne de la Linge, étaient sûrs désormais de s'emparer de la Hollande : cette conquête ne paraissait point devoir leur échapper. Deux choses seulement pouvaient leur arracher une victoire qui semblait assurée : un changement de température qui eût tout-à-coup rompu les glaces des fleuves, et nous eût arrêtés dans notre marche, ou une affaire générale qui eût rendu à l'ennemi la supériorité qui était toute entière de notre côté. Le 12 janvier, l'ennemi conçut quelqu'espérance : le dégel se fit sentir, et les communications entre les troupes françaises, situées partie au-delà et partie en-deçà du Wahal, furent un moment interrompues. L'ennemi, transporté de joie, allait mettre à profit cette circonstance. Cette stupeur qui précède le désespoir, avait déjà atteré l'armée française, plongée dans un morne silence. Le 14 janvier, le froid reprit sa première intensité, les fleuves offrirent aux chevaux, aux artilleurs, un plancher solide, et les espérances des ennemis s'évanouirent.

Nos divisions se mirent aussitôt en mouvement : on s'empara d'abord de Bemren, de Kuilenburg, et l'on entra bientôt après dans la grande île qu'entourent le Wahal et le Leck. Le général Walmoden, effrayé par ces manœuvres habiles, et craignant que Pichegru ne voulût passer le Leck, se retira sur Arnheim, et par ce mouvement rétrograde, livra la Hollande aux Français.

Un mauvais succès amène la division parmi les chefs d'une entreprise de quelque nature qu'elle soit : chacun croit avoir travaillé pour une heureuse issue, et chacun rejette sur son collègue la faute qui a compromis la fortune commune. Voilà ce qui arriva dans l'armée ennemie : les Hanovriens prétendirent qu'ils avaient seuls payé les frais de la guerre, et que, si les Anglais étaient sortis d'un honteux repos pour voler à leur défense, les choses auraient pris une marche bien différente : les Anglais se plaignirent des marches pénibles qu'ils avaient exécutées, et rejetèrent la faute en entier sur leurs chefs ; les Hessois murmurèrent à leur tour ; sacrifiés dans des avant-postes, et exposés toujours en petit nombre à un ennemi puissant, ils s'imaginèrent que, parmi les princes alliés, il s'en trouvait qui calculaient sur leur ruine : de ces différentes causes de mécontentement naquit un désordre qui bientôt fut porté à son comble. Nos triomphes n'en devinrent que plus nombreux et plus faciles : nous ne paraissions plus envahir un territoire occupé par l'ennemi, mais nous répandre avec tranquillité dans un pays évacué, et depuis long-temps soumis à notre occupation.

Le 15 janvier, l'armée prit position derrière le Rhin et le Leck.

Le 16, notre droite quittait une rive du Wahal pour s'établir sur l'autre : la division du général Bonneau se portait de Bréda à Gertruydenberg, et cernait cette place. En même temps la droite des ennemis couvrait la province d'Utrecht. Le chef-lieu fit proposer une capitulation au général Salm qui, sans y répondre, entra dans la ville pour y établir son quartier-général. Le prince d'Orange avait encore Gorcum en son pouvoir; sans la gelée qui rendait les inondations impossibles, il eût pu tirer quelque avantage de cette place forte, et défendre ce qui lui restait encore de son territoire; mais la saison trop avancée rendait presque impossible une longue résistance : il sentit que Gorcum ne tarderait pas d'être pris; et, pour ôter aux généraux français l'honneur d'envoyer en France un Stathouder prisonnier, il congédia à La Haye ses états-généraux, s'embarqua avec sa famille à Scheveningen, pour passer en Angleterre.

Le général Salm entra le 17 dans Utrecht, dont Louis XIV s'était emparé cent vingt-trois ans auparavant. L'armée du Nord s'étendit dans tous les environs, et dans le pays de Clèves. Quelques corps opérèrent leur jonction entre cette armée et celle de Sambre et Meuse. Le 18, les Anglais furent attaqués sur le Zuyderzée et culbutés; ils nous laissèrent maîtres de leurs redoutes, de vingt caissons, et de quatre-vingts pièces d'artillerie, qu'ils ne purent emmener avec eux. Le général Macdonald, seul avec sa division, remporta ces nombreux trophées.

Pichegru écrivait alors aux commissaires, députés par la Convention auprès de l'armée; et ses lettres annonçaient les victoires même avant le combat. « *Hâtez-vous*, leur disait-il, *nous sommes à Elisel; mais quand vous y arriverez, nous serons dans Utrecht, que nous allons occuper dans deux jours* ». Cette noble confiance ne le trompa jamais: le 19, les représentans reçurent dans Utrecht les députés qui venaient remettre la Hollande en leur pouvoir.

Le lendemain, le général Pichegru et les commissaires conventionnels entrèrent dans

Amsterdam : les troupes françaises y furent reçues comme des légions libératrices : nos soldats y furent traités en frères; et ce qui acheva de gagner le cœur de leurs hôtes, ce fut l'exacte discipline qu'ils observèrent : on eût cru qu'ils étaient au sein même de la France : les marchandises restèrent exposées, la bourse fut ouverte, et les affaires se firent comme à l'ordinaire. Aucun délit ne contraignit les officiers à la dure nécessité de punir leurs soldats. On entendit de tous côtés les cris de *vive la Liberté ! vive la République française !* Le général Pichegru crut reconnaître son nom mêlé à ces acclamations patriotiques; il devenait le dieu de la fête; mais, dans un temps où les vertus étaient des crimes, il craignit une dangereuse renommée : il fut assez adroit pour ménager l'orgueil des représentans du peuple qui l'accompagnaient, et chercha à se dérober aux applaudissemens.

La Hollande était conquise; la Convention reçut cette nouvelle avec enthousiasme : elle vit, dans l'occupation de cette province, si riche par son commerce, une source d'avantages pour l'armée qui devait s'y cantonner, et crut que cette victoire allait attacher de nouveaux alliés à la république. Un décret fut proposé par le représentant du peuple Carnot, et adopté à l'unanimité : l'assemblée, avec la formule ordinaire, déclara que les armées du Nord et de Sambre-et-Meuse avaient bien mérité de la patrie. La joie de la Convention paraissait à son comble, et cependant elle éclata avec plus de force encore quelques jours après; des députés bataves vinrent à la barre, et leur discours éleva l'enthousiasme au dernier dégré : ils remercièrent le peuple français d'avoir rempli les promesses qu'il avait faites dans les premiers jours de la liberté : ils peignaient le Stathouder en fuite, l'Anglais rempli d'épouvante, et adressaient des actions de grâces à la nation généreuse qui les avait délivrés du joug. Ils s'engageaient par serment à propager le même amour pour la liberté, le même patriotisme. Enfin ils demandaient, au nom de leurs compatriotes, la même indépendance nationale qui avait rendu les Français vainqueurs : ils prétendaient que leurs compatriotes concourraient de tous leurs efforts au nouveau système; qu'ils recevraient les Français comme frères, comme libérateurs, mais qu'ils ne consentiraient point à recevoir de nouveaux tyrans.

Cette harangue noble et hardie fut accueillie par l'assemblée avec enthousiasme : on applaudit aux intentions de la Hollande, et le représentant Barrère fit la promesse solennelle aux députés de rendre leur pays indépendant et allié de la France. La nation française, qui cherchait alors à faire des hommes libres, et non à soumettre des esclaves, rendit peu de temps après à la liberté, la Hollande qui ne voulait point être sa conquête.

Le lac de Bies-Bosch occupe une étendue de terrain, jadis peuplée, de soixante-douze villages, que la mer a engloutis il y a quatre siècles environ : ce lac était gelé ; cette circonstance favorable continua de nous être d'un grand secours. La division du général Bonneau, qui s'était emparée de Certruydenberg, traversa le lac, et le 4 février, entra dans Dordrecht : l'ennemi se retira au premier choc des assaillans. Cette ville, remplie de munitions de guerre, devint par cela seul une importante conquête : les Français y trouvèrent plus de six cents canons, dix mille fusils, plusieurs magasins de vivres, et des approvisionnemens en quantité considérable. Rotterdam, assiégé au milieu des marais, fut occupé le lendemain par les troupes françaises; mais l'air peu salubre qu'on y respire et l'extrême humidité que le séjour continuel des eaux y entretient, ne tardèrent point à nous en chasser : le général Bonneau, qui avait fait cette seconde occupation, en sortit le 23, et se porta devant La Haye, où le prince d'Orange avait tenu les états-généraux quelques jours auparavant. D'après les ordres même du Stathouder, les soldats français furent bien reçus dans La Haye par les habitans, et Pichegru traité magnifiquement dans le palais par les domestiques même du prince. Le général français, par une suite de la prudence que nous avons déjà eu occasion de remarquer en lui, sortit de cette résidence fastueuse, et la céda aux commissaires conventionnels, qui firent graver sur le frontispice cette sentence: *Les Représentans du peuple voudraient que cette maison fût de verre, pour que le peuple pût être témoin de toutes leurs actions!* Le prince d'Orange, en donnant des conseils pacifiques à son départ, espérait que le général Pichegru, touché de cette noble conduite, y répondrait, laisserait ses créatures en place, et ne changerait rien à la face du gouvernement. Il s'était trompé dans son calcul, tout fut renouvelé; les états-généraux même subirent la réforme, et l'on ne mit en place que ceux qui partageaient les idées alors triomphantes : les libéraux et les indépendans furent seuls conservés ou placés. Après ce changement, le premier acte des états-généraux fut de reconnaître les troupes françaises pour alliées, d'ordonner à toutes les places fortes du territoire de les recevoir, et aux garnisons de jurer par serment de ne plus combattre contre les Français. Cependant les soldats français ne trouvaient que peu de ressources, et malgré ce noble rôle d'alliés ils étaient en proie à la plus affreuse misère : sans nourriture, sans vêtemens, les vainqueurs eussent ému la pitié des vaincus. Les représentans du peuple offrirent aux états-généraux le tableau déplorable des souffrances de l'armée libératrice, et des ordres furent donnés pour subvenir à ses plus pressans besoins. On fit des réquisitions : voici une note des secours qui furent accordés :

Quintaux de froment . . .	200,000
Bœufs	12,000
Bottes	20,000
Souliers.	150,000
Habits et vestes de draps . .	20,000
Culottes de tricot	40,000

Pantalons de toile	150,000
Chemises	200,000
Chapeaux	50,000
Bottes de foin de 15 liv. . .	5,000,000
Bottes de paille de 10 liv. . . .	200,000
Mesures d'avoine de 10 liv. .	5,000,000

Ces dispositions généreuses furent mises à exécution : une religieuse exactitude présida à leur entier effet et l'armée française après de longues fatigues, trouva un repos noblement acquis par d'illustres travaux ! Les Anglais furent chassés de la ville d'Hellevœstuis par le général Bonneau, qui marchait toujours en avant. Huit cents Français qui étaient retenus dans cette place furent armés secrètement, et la garnison anglaise, à son tour prisonnière, fut dirigée vers l'intérieur du pays. Le prince Hohenlohe, qui a tant figuré dans les guerres contre la France, tomba au pouvoir des Français en cette circonstance, et vint à Paris porter les nouvelles de nos exploits et de sa défaite ; un aide-de-camp du général Clairfayt fut aussi fait prisonnier.

Nos troupes, délassées à l'ombre de leurs lauriers, se remirent en marche : une ligne formidable fut déployée depuis Amersfoort jusqu'à Naarden, et un fait d'armes, jusqu'alors inouï, mit le comble aux miracles.

Les bâtimens de la flotte étaient à l'ancre dans le Texel. Des escadrons de cavalerie, soutenus par un détachement d'artillerie légère, se présentèrent à la flotte étonnée, après avoir traversé la plaine de glaces où elle se trouvait retenue. L'armée navale, arrêtée par la surprise et par la nouveauté du combat qu'il eût fallu livrer, se constitua prisonnière. Quel peuple offre un trait semblable dans l'histoire de ses fastes militaires! C'est la première flotte qui a été prise par un escadron de cavalerie. Dans ce temps de liberté, on ne vivait point un jour, qu'on ne vît un prodige!

Plusieurs provinces étaient encore éloignées de la soumission; celles de Groningue, de Frise, d'Over-Yssel et de Zélande résistaient encore: on résolut de s'emparer de la dernière de ces places, qui semblait devoir par sa reddition entraîner celle des autres, et qui d'ailleurs pouvait recevoir d'un jour à l'autre les nombreux secours préparés dans les ports de l'Angleterre. Le général Michaud fut chargé par Pichegru de cette importante entreprise : il vit quelques difficultés dans la réussite de son projet ; dans le cas où la force serait l'unique moyen à employer, il essaya les voies de la douceur. Son aide-de-camp Commaneaux et plusieurs autres membres de l'état-major furent envoyés en députation : ils eurent quelque peine à obtenir audience ; enfin, admis à rendre compte du message dont ils étaient porteurs, ils sommèrent la province de se rendre. Ils ne purent d'abord rien obtenir ; et ce ne fut qu'après avoir plusieurs fois répété la sommation, que des conditions leur furent proposées. La Zéelande consentait à prendre le titre d'alliée, mais elle exigeait que le général Michaud n'envoyât que le nombre de troupes nécessaire pour la police et la garde des vaisseaux qui étaient regardés comme prises de guerre ; elle voulait, en outre, que le cours des assignats ne fût jamais que volontaire dans la province ; qu'on garantît les individus et les biens de toute réquisition militaire. Ce traité fut accepté par le général français ; et tous les membres de la Convention, présens à l'armée, le signèrent. L'assemblée, sans réfléchir à l'inquiétude que les armemens anglais pourraient faire naître, que l'occupation de la Zéelande était le seul moyen d'assurer les triomphes passés; l'assemblée, dis-je, ne reçut point le traité avec autant de satisfaction : quelques conventionnels parlèrent même de le rejeter; et sans les sages représentations de Boissy-d'Anglas, peut-être cette faute politique eût-elle été commise. La discussion sur la capitulation de la Zéelande fut suspendue, et l'acte du traité renvoyé au comité de salut public fut approuvé quelque temps après.

Les Anglais toujours par un mouvement de retraite, s'étaient arrêtés der ière les lignes de l'Yssel; nos troupes après quelques jours de repos devant les lignes du Greslée, s'étaient portées entre Naarden et le point où le Leck et l'Yssel se séparent : notre avant-garde était à Hadewyk.

Ici, l'on fut sur le point de s'arrêter et de borner le cours de nos triomphes. Si Pichegru avait cru le conseil de guerre, il eût pris ses quartiers d'hiver, et jusqu'au printemps l'ennemi eût eu le temps de revenir de sa stupeur, de recruter des forces nouvelles. Le général français par une de ces inspirations qui décident du sort des états et révèlent les grands caractères, se fit un plan tout opposé, et résolut de terminer ce qu'il avait commencé avec tant de succès : il ne consulta que l'ardeur de son armée, dès-lors tout lui parut possible : il jura de ne mettre bas les armes que lorsque toute la Hollande serait rendue, et remplit ses sermens.

A la vue de notre avant-garde qui avait poussé jusqu'à Hadewyk, les Anglais, déjà totalement découragés, se hâtèrent de battre en retraite : ils sortirent aussitôt de Kampen et de Zivole : leur frayeur donnait à leurs mouvemens toute la forme d'une déroute. Encouragés par l'attitude craintive de leurs ennemis, les Français marchèrent sur l'Yssel ; et le 4 février, la division du général Macdonald prit position, partie sur Zivolle, partie sur Kampen. Le général Moreau se déploya entre Zutphen et Deventer, et la gauche de l'armée de Sambre et Meuse, chargée d'observer le Canal de Pannerden, occupa Doesburg. Ainsi maîtres de toutes les places sur la rive droite du fleuve, les Français fortement appuyés ne craignirent point de tenter le passage ; ils l'effectuèrent, et les Anglais, au lieu de s'y opposer s'enfuirent lâchement, laissant à notre discrétion des redoutes, des retranchemens et une quantité considérable de fusils et de munitions. Un bataillon de grenadiers et deux escadrons de chasseurs virent fuir devant eux des corps entiers. Twente, Goor, Orlmelo et Hardenberg furent cédés sans combat; et la pusillanimité de nos ennemis nous enleva l'honneur d'un succès disputé. Kœverden fut aussi abandonné avec la même lâcheté et cependant quel avantage les Anglais ne pouvaient-ils pas retirer du dégel qui contraignait nos soldats de marcher par des chemins où ils avaient de l'eau jusqu'à la ceinture !

La saison était sans doute désavantageuse; mais il fallait tirer parti de la terreur qui accablait les coalisés; la province de Groningue où s'était retirée une partie de l'armée anglaise, et celle de Frise qui n'était point encore rendue furent attaquées sur-le-champ par le général Pichegru qui, fidèle à son plan de campagne, encouragea le soldat à supporter des fatigues dont il ne pouvait le délivrer sans compromettre les intérêts de la patrie. Le 19 février, Groningue fut attaqué, et des postes nombreux furent occupés par les républicains : les Anglais tenaient cependant encore les forts, persuadés qu'ils étaient que des corps détachés avaient seuls osé pénétrer par des chemins que le dégel rendait si difficiles. Ils furent bientôt détrompés; les restes de la brigade du général Reynier n'eurent pas plutôt rejoint, que l'assurance avec laquelle les Français les attaquèrent détruisit toutes leurs espérances. Culbutés successivement sur l'écluse de Bester-Zel, sur les ponts d'Oude Schans et de Nieuwe-Schans ils furent mitraillés sur tous les points et perdirent 500 prisonniers. Les Anglais évacuèrent la province de Frise et les Français demeurèrent tranquilles possesseurs de la Hollande : ils poursuivirent jusqu'à l'Ems leurs ennemis qui, retirés en Westphalie cherchèrent à réformer leurs rangs derrière une ligne que le roi de Prusse venait d'établir depuis Wesel jusqu'a Emden. Le général Moreau, qui s'était emparé de Bentheim et avait fait aux Anglais 800 prisonniers, revint sur ses pas et obéit aux ordres de Pichegru. Celui-ci venait de déclarer qu'il voulait donner enfin quelque repos à ses troupes.

C'est ainsi que s'acheva une campagne aussi glorieuse pour les légions françaises, que honteuse pour leurs ennemis. La Hollande subjuguée devint une alliée long-temps fidèle à la nation qui lui avait rendu la liberté. La république batave, dans le traité d'alliance qui fut signé le 16 mai de la même année, cédait à la France ses forteresses, dont celle-ci voulait se faire une barrière sur la Meuse ; et la France lui donnait 36,000 hommes de troupes pour maintenir son indépendance. Le roi de Prusse, qui s'était déclaré l'ennemi de la république française et auquel on put soupçonner d'autres désirs que celui de soutenir la famille des Bourbons et les lys, fut le premier champion qui se déclara contre le système républicain : il vit ce que pouvait un peuple qui combattait pour conserver ses droits nationaux et son indépendance ; il fut aussi le premier à se repentir de son *patriotisme européen* : il voyait se dissiper les trésors de son père, et ce n'était pas sans envie et sans crainte qu'il remarquait la réserve de l'Autriche. Cette puissance, par une adroite politique, laissait la Prusse s'affaiblir, et ne combattait que sur l'offensive. Frédéric Guillaume voulut mettre la même prudence dans sa conduite : il nomma à la place du duc de Brunswick le général Mollendorf, et tout à coup la guerre prit un autre aspect : on n'entendit plus parler que de légers combats contre les

Prussiens. Bientôt le roi de cette nation ennemie, avertit le Cercle qu'ils n'occuperait à sa défense que les 20,000 hommes qu'il devait fournir comme électeur de Brandebourg; il demanda aussi à l'Autriche de prendre plus souvent l'initiative; et d'après le refus qui fut le résultat de ces démarches, il ne cacha plus son mécontentement, et l'on pensa qu'il pourrait quitter la coalition. Ces espérances furent tout-à-coup détruites. Le roi de Prusse promit pour la campagne de 1794 une armée de 62,000 hommes, si l'Angleterre consentait de lui compter 52,000,000 de fr. Ce traité fut signé. Sur ces entrefaites, le gouvernement français, renouvelé par la révolution du 9 thermidor, résolut d'écouter les désirs pacifiques de Frédéric-Guillaume, et de l'ambassadeur en Suisse: M. Barthélemy, fut chargé de faire quelques ouvertures dans ce sens, et de profiter de l'arrivée à Bâle d'un agent prussien, qui venait pour échanger des prisonniers.

Le cabinet de Berlin, qu'une politique monarchique avait empêché de manifester le premier ses intentions, reçut avec plaisir les offres de paix qui lui furent faites. Aussitôt le conseiller Hamier vint en France assurer le comité de salut public des loyales intentions de son maître, et le comte de Goltz, chargé de pleins pouvoirs, fut envoyé en Suisse pour entendre M. Barthélemy, et conclure.

Au milieu des négociations, le comte de Goltz tomba malade, et mourut : il était à craindre que le cabinet de Londres, toujours habile à tirer parti des circonstances, ne profitât des entraves que cette mort semblait devoir apporter aux affaires, pour détourner la Prusse de son intention d'abandonner la coalition; mais le comte de Goltz fut aussitôt remplacé par le baron de Hardenberg. Les conférences furent reprises, continuées d'après les mêmes instructions, et la paix fut signée, le 5 avril 1795, entre le royaume de Prusse et la république française.

Ainsi la France, n'ayant plus à redouter que l'Autriche, put diriger contre elle toute la masse de ses forces : elle put préparer les glorieux triomphes obtenus sous un jeune général, qui rendit aux troupes leur premier courage, et se fonda en Italie, parmi les trophées, une renommée militaire à l'abri de l'oubli et au-dessus de l'envie. Alors même que, par son traité avec la Prusse, la France n'aurait pas obtenu des avantages réels, l'enthousiasme n'eût pas été moindre : il suffisait aux patriotes, amis de leur pays, qu'un Roi puissant et jusqu'alors ennemi déclaré de la république, eût été enfin forcé de la reconnaître. Un traité avec un Roi les remplit de joie et satisfit leur orgueil.

FIN DU TROISIÈME VOLUME.

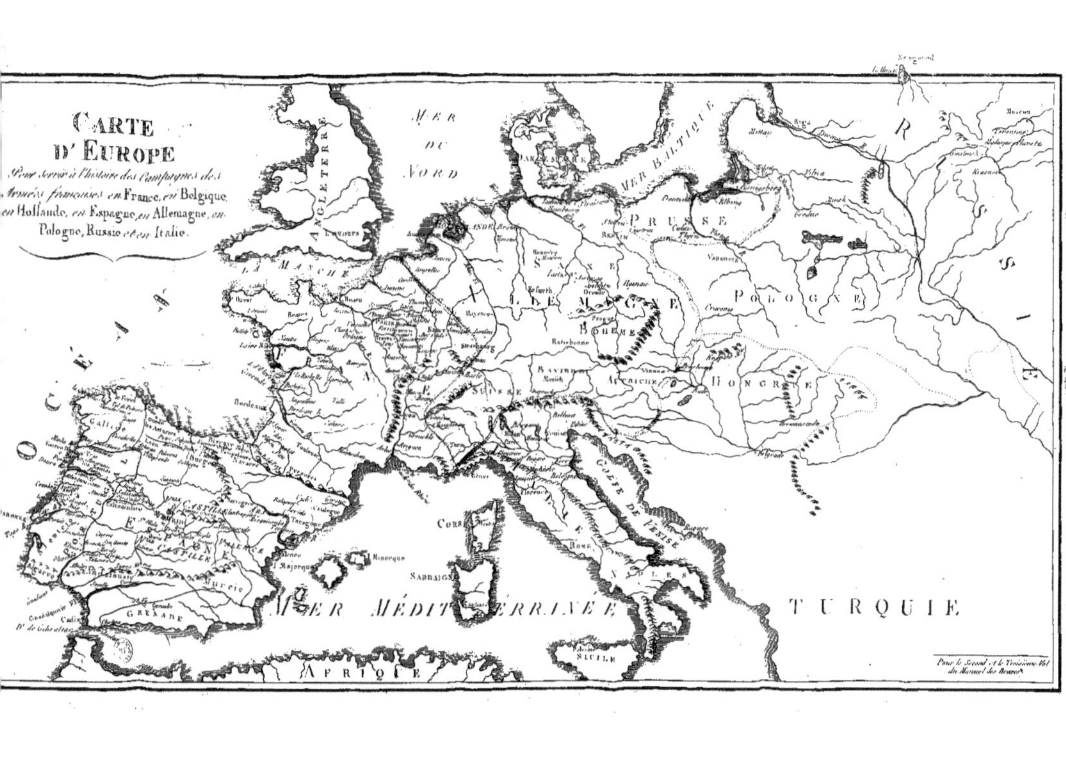
CARTE
D'EUROPE
Pour servir à l'histoire des Campagnes des Armées françaises en France, en Belgique, en Hollande, en Espagne, en Allemagne, en Pologne, Russie et en Italie.
OCÉAN
ANGLETERRE
LA MANCHE
MER DU NORD
MER BALTIQUE
PRUSSE
POLOGNE
ALLEMAGNE
SAXE
BOHEME
BAVIERE
AUTRICHE
HONGRIE
SUISSE
GRENADE
MER MÉDITERRANÉE
CORSE
SARDAIGNE
Minorque
Majorque
Rome
NAPLES
GOLFE DE VENISE
SICILE
AFRIQUE
TURQUIE
Pour le Second et le Troisième Vol du Manuel des Braves.

TABLE
DES CHAPITRES
CONTENUS DANS LE TROISIÈME VOLUME.

FIN DE LA TABLE DU TROISIÈME VOLUME.

BIBLIOTHÈQUE NATIONALE
R.F.
IMPRIMÉS

www.ingramcontent.com/pod-product-compliance
Lightning Source LLC
LaVergne TN
LVHW020531230826
846091LV00002B/239
9782014449037